钳工
基本技能实训

主　编　姚　军
副主编　刘俊清　李　丹
　　　　荆　凯
主　审　颜凌云

高等教育出版社·北京

内容简介

金工实习是工科类高职高专院校重要的实践性教学环节之一，其中，钳工实训是金工实习的重要组成部分。本书共分十个项目，主要包括钳工基本技能实训和综合实训两部分，其中，钳工基本技能实训主要包括：划线、锯削、锉削、錾削、刮研、钻削等项目。本书注重钳工基本技能训练，要求学生通过钳工基本技能训练，能够完成手锤、配合件等的手工制作。

本书简明实用，可作为高职高专院校工科类专业钳工实训教材。

图书在版编目(CIP)数据

钳工基本技能实训/姚军主编.--北京：高等教育出版社，2018.8 (2022.1 重印)

ISBN 978-7-04-049820-2

Ⅰ.①钳… Ⅱ.①姚… Ⅲ.①钳工-高等职业教育-教材 Ⅳ.①TG9

中国版本图书馆 CIP 数据核字(2018)第 106464 号

策划编辑	张　璋	责任编辑	刘东良	特约编辑	王耀东	封面设计	赵　阳
版式设计	马敬茹	插图绘制	于　博	责任校对	刘娟娟	责任印制	存　怡

出版发行	高等教育出版社	咨询电话	400-810-0598
社　　址	北京市西城区德外大街 4 号	网　　址	http://www.hep.edu.cn
邮政编码	100120		http://www.hep.com.cn
印　　刷	唐山嘉德印刷有限公司	网上订购	http://www.hepmall.com.cn
			http://www.hepmall.com
开　　本	787mm×1092mm 1/16		http://www.hepmall.cn
印　　张	8.75	版　　次	2018 年 8 月第 1 版
字　　数	210 千字	印　　次	2022 年 1 月第 2 次印刷
购书热线	010-58581118	定　　价	20.00 元

物 料 号　49820-00

前　言

金工实习是工科类高职高专院校重要的实践性教学环节之一；它是为各相关专业学生考取中级焊工、中级车工、中级铣工、数控车工、数控铣工等相关职业资格证书所进行的重要实践性教学。早在2002年，《国务院关于大力推进职业教育改革与发展的决定》中就明确指出，要严格实施就业准入制度，加强职业教育与劳动就业的联系；与此同时，职业资格证书已逐步成为各级各类高职高专院校学生求职择业的“通行证”。由此可见：金工实习非常重要。为了搞好金工实习，编者认真组织编写了一套既适合机械类专业，又适合非机械类专业学生用的金工实习指导书，其内容包括：焊接实训、钳工实训、钣金工实训、普通车削加工操作实训、普通铣削加工操作实训、数控车削加工操作实训、数控铣削加工与加工中心操作实训；供各类专业学生在金工实习时，有针对性选择实训项目。本书是本套书中的钳工实训部分。

钳工实训包括钳工基本技能实训和综合实训。其中，钳工基本技能实训包括划线、锯削、锉削、錾削、刮研、钻削等主要项目。

参加本书编写的有：姚军（项目一～项目三）、刘俊清（项目四、项目五）、李丹（项目六～项目八）、荆凯（项目九、项目十）。全书由四川建筑职业技术学院姚军担任主编，刘俊清、李丹、荆凯任副主编。本书承四川建筑职业技术学院颜凌云教授主审。

教材在编写过程中得到了四川建筑职业技术学院各级领导的支持，并且得到了兄弟院校各同仁的指导和帮助，在此对他们表示衷心感谢！由于编写时间仓促和编者水平有限，教材中难免存在一些缺点或错误，敬请读者给予批评指正。

编　者

2018年4月

金工实训守则

1. 实训前，每个同学必须参加安全教育会议，接受安全教育，要牢固树立“文明实训，安全第一”的思想。安全教育会议结束后，每个同学必须本人在“安全教育记录本”上签字，绝不允许请他人代签字。

2. 学生在实训前，必须穿戴好劳保用品，以免造成人身伤害。指导教师必须严格管理，每天上班前，认真检查学生的劳保用品的穿戴情况。

特别强调：每个同学必须穿符合国家劳动保护标准的劳保皮鞋才能参加实训。

3. 学生接到实训任务后，必须弄清实训项目、内容和要求；对照相关实训项目的实习指导书，了解所训练项目技术要求，熟悉实训所需要的材料、设备和工器具，领会加工制作工艺过程，掌握加工制作方法和操作要领。

4. 认真完成实训操作前的各项检查、调试等准备工作。

5. 在实训中，每个同学必须严格遵守所训练项目的安全操作规程，坚决杜绝违章操作和安全事故的发生。

6. 为了本人和他人的人身安全，在实训操作中，绝不允许接听手机、发送短信、玩游戏、聊天或者看视频，以避免安全事故的发生，这也是生产企业的规定。这一点每个同学必须做到，同时要求实习指导教师和师傅每天要认真监督，一经发现，将严肃处理。

7. 实训中，每个同学必须做到文明实训，勤学苦练，掌握好技能，取得一技之长。

8. 在实训过程中，要认真开展现代制造企业“6S”活动，即：清理、清洁、整理、整顿、素养和安全活动，融入职业道德和企业文化精神，并把它落到实处。

9. 实训指导教师要尽职尽责、认真指导，要注意检查学生操作是否正确、规范，若发现问题要及时纠正；同时每天必须认真填写实训日志，做好学生的实训情况记录，包括：学生实训表现、实训进行状况、设备运行情况、实训车间有无异常情况和需要解决的问题等。

10. 学生在进行加工操作训练中，如果需要轮班操作，实训指导教师则要执行交接班制度，并且做好交接班记录。

11. 每个实训环节结束后，实训指导教师都必须对学生进行考核，并且以此计入实训综合成绩，所以每个同学务必高度重视，认真参加实训。

12. 实训结束后，将设备、工作场地打扫干净并且切断电源；经指导师傅检查合格同意离开后，才能离开实训地点。

13. 实训结束后，每个同学都要按要求认真填写实训报告，并且由指导师傅填写评语后及时上交给指导教师。

目　　录

项目一　钳工实训入门指导

任务一　钳工实训概述

【任务目标】

1. 了解钳工概念和分类。
2. 明确钳工实训的目的、任务与要求。
3. 熟悉钳工安全操作规程。

【相关知识】

1.1.1　钳工概念和分类

1. 钳工的概念

钳工是主要依靠手工工具对金属进行加工的一个重要工种。其基本操作有划线、锯削、錾削、锉削、钻孔、扩孔、铰孔和攻螺纹、套螺纹、刮削与研磨等。钳工大部分工作仍由手工操作来完成,对工人的技术要求较高,劳动强度也较大,但目前在机械制造和修配工作中,仍是不可缺少的重要工作。

钳工的主要任务有:加工零件,设备制造、装配和维修。

为减轻钳工的劳动强度、提高生产率和产品质量,钳工工具正在不断地改进,并在逐步实现半机械化和机械化。

2. 钳工的分类

钳工有很多种类,主要有:

(1) 机修钳工　当机械在使用过程中产生故障,出现损坏或长期使用后精度降低,影响使用时,要通过钳工进行维护和修理。

(2) 装配钳工　将加工好的零件按机械的各项技术精度要求进行组件、部件装配和总装配,使之成为一台完整的机械。

(3) 模具钳工　模具的制作、维修、维护。

(4) 工具钳工　精密量具、工具的制作、维修、维护。

(5) 划线钳工　对加工前、后的零件进行划线,即划加工位置线。

1.1.2　钳工实训的目的、任务与要求

1. 实训目的

钳工实训是高职高专院校机械类各专业及非机类相关专业学生的重要实践性教学环节。

通过实训，不仅能培养学生掌握好钳工的各项基本操作技能，而且更重要的是使学生能够在钳工实训中，一方面将书本理论与生产实际有机地结合起来，更好掌握书本上的理论；另一方面，培养吃苦耐劳、兢兢业业、勤勤恳恳、精益求精的精神作风，增强动手能力和创新意识，提高独立分析问题和解决问题的能力。因此，钳工实训很重要，必须高度重视。

2. 实训任务与要求

钳工实训任务主要包括两个方面：

(1) 基本操作训练　进行划线、锯削、錾削、锉削、钻孔、扩孔、铰孔和攻螺纹、套螺纹、刮削与研磨等基本操作训练。

(2) 钳工综合训练　通过钳工基本操作训练，能够制作一些中等复杂程度的零件或者配合件。例如：六方体、螺母、手锤、样板、板块配合件等。

通过钳工实训，应该达到以下基本要求：

(1) 每个学生在实训中要自始至终加强“爱岗敬业、诚实守信、奉献社会”的职业道德教育修养，文明实训，勤学苦练；同时要把企业生产中“6S”活动，即：清理、清洁、整理、整顿、素养、安全落实到位。

(2) 了解钳工各基本操作的概念和方法，掌握各基本操作要领及应用。

(3) 了解钳工常用工具，学会其正确使用方法。

(4) 达到初级或者中级钳工的操作技能。

1.1.3　钳工实训安全操作规程

(1) 在钳工台上进行錾削、去毛刺等易飞散片和粉末工作时，必须戴好眼镜，前面必须有防护罩，对面禁止站人，以防止伤人。

(2) 锤头与手柄要结合牢固，如有松动则不准使用；打锤时，附近不准站人或者有其他障碍物，并且防止物件飞落。禁止用铁锤、铁棒直接锤击经淬火的、高硬度物件；禁止戴手套打锤。

(3) 锉刀、刮刀等工具必须有牢固的木柄。

(4) 装卸弹簧时，弹簧弹出方向不得对着人，并且不准用锤敲打。

(5) 使用手电钻、手持电动砂轮等电动工具时，要注意按使用说明书要求操作。

(6) 在阴暗、潮湿环境工作时，照明电压要用 12 V，禁止明火照明。

(7) 使用风动工具时，必须牢固地固定好风管接头，工作时不准对着砂轮站。

(8) 在使用万向钻床时，首先要检查机床各部位手柄，机床运转良好才能进行工作。

(9) 严禁戴手套或用手直接清除切屑，以防止伤人。

(10) 为了本人和他人的人身安全，在实习操作中，绝不允许接听手机、听音乐、发微博、发短信、玩游戏、聊天或者看视频，以避免安全事故的发生，这也是生产企业的规定！这一点每个同学必须做到，同时要求实习指导教师和师傅每天要认真监督，一经发现，将严肃处理。

(11) 工作结束时，将一切工具材料零部件堆放在指定地点，搞好环境卫生，做到文明生产。

任务二　钳工实训主要设备及工器具认识

【任务目标】

1. 了解钳工实训设备的种类、结构和用途;懂得其使用方法。
2. 了解钳工实训机具的种类、结构和用途;懂得其使用方法。
3. 了解钳工实训工器具的种类、结构和用途;懂得其使用方法。

【相关知识】

1.2.1　钳工实训设备

钳工实训设备主要有:台式钻床、立式钻床、砂轮机。

1. 台式钻床

台式钻床简称台钻,它是一种体积小巧、操作简便、通常安装在专用工作台上使用的小型孔加工机床。在钳工实训中,主要用于小型孔加工。如图 1.2.1 所示为 Z403 台钻的外观图。

2. 立式钻床

立式钻床是备有工作台升降机构的钻床,主要钻削 $\phi30$ 以下的孔。它广泛应用于汽摩配零件、工具等机械制造行业进行批量加工;在钳工实训中,主要用于小直径孔加工。立式钻床外形如图 1.2.2 所示。

图 1.2.1　台式钻床

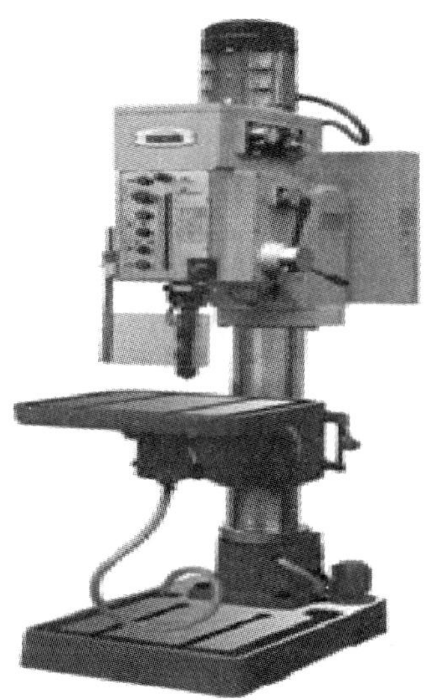

图 1.2.2　立式钻床

3. 砂轮机

砂轮机是用来刃磨各种刀具、工具的常用设备。

(1) 砂轮机的种类

砂轮机有台式和立式(有的也称为落地式)砂轮机，如图 1.2.3 所示为它们的结构外形。

(2) 砂轮机的组成

砂轮机主要由电动机、砂轮、机体(机座)、托架和防护罩组成。

(3) 砂轮机和手砂轮的安全操作规程

砂轮机和手砂轮是钳工训练中常用的打磨设备，由于砂轮较脆、转速很高，使用时应严格遵守安全操作规程。其安全操作规程如下：

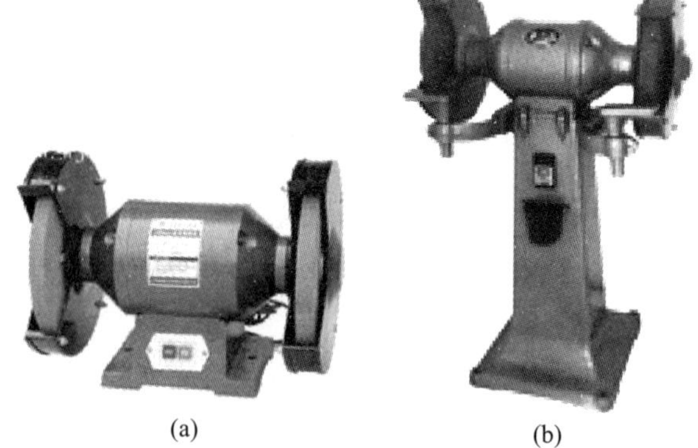

图 1.2.3　砂轮机的结构类型

(a)台式砂轮机；(b)立式砂轮机

① 工作前穿好工作服，戴好防护眼镜等防护用品。

② 启动前，首先检查砂轮及其防护装置是否正常。

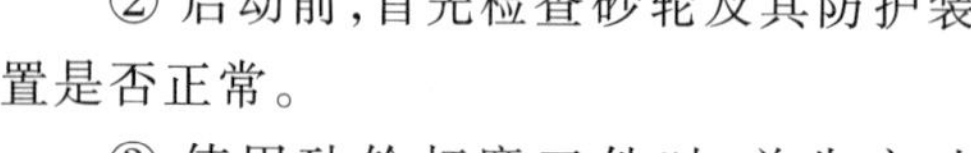

③ 使用砂轮打磨工件时，首先启动待空转正常，然后由轻至重拿稳，均匀使力。但压力不能过大或猛力磕碰，以免砂轮破裂伤人。

④ 在砂轮上不得磨过重、过大、过长或过小、过薄的工件。不准站在砂轮的正面磨工件。磨削时，两个人不要同时磨一个砂轮。搁架与砂轮间距保持在 3 mm 以内，大了要调整；以防止磨削时因间距过大而发生安全事故。

⑤ 禁止随便开动砂轮或用工具冲击敲打砂轮。换砂轮时要检查砂轮有无裂纹、缺损。装配时要注意找正，保证砂轮无偏心，找正时要用木器轻轻敲打，不得用力过猛，也不准用金属器具敲打。配合适当，要垫平夹牢，不准用不合格的砂轮。

⑥ 砂轮磨薄、磨小后，要及时更换。厚薄度或大小，可根据经验以保证安全为原则。

⑦ 砂轮机应有专人负责维护、管理，非指定人员不准随便调整或安装砂轮。

⑧ 手砂轮的电源线、插头不得漏电。软线长度要适当，不宜过长，不能打死弯。用后应立即关闭电源，不准开着砂轮离开去干其他的工作。

⑨ 电源开关应安装在工作者附近，以便发生事故时及时停车。

⑩ 发生人身、设备事故，保护现场并及时上报有关部门。

1.2.2　钳工实训主要机具

钳工实训主要机具有：手电钻、抛光机、角磨机、划线平台、台虎钳、钳工工作台等。这里主要介绍台虎钳、钳工工作台，其他机具在钳工基本操作实训中介绍。

1. 台虎钳

台虎钳，又称虎钳、台钳，是用来夹持工件的通用夹具。

(1) 台虎钳的用途

台虎钳是钳工必备工具，也是钳工的名称来源，因为钳工的大部分工作都是在台钳上完成的，它用以夹稳加工工件，以便对零件进行锯、锉、錾，以及零件的装配和拆卸等操作。

(2) 台虎钳的结构

台虎钳是由钳口、丝杠螺母、底座、弹簧等组成,如图 1.2.4 所示。

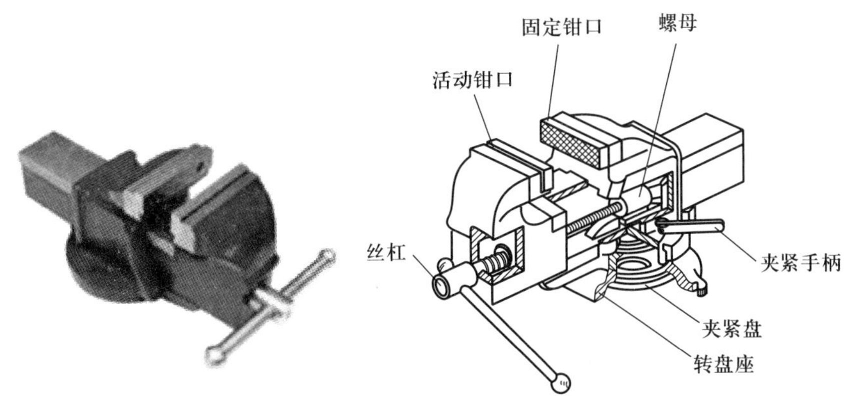

图 1.2.4　台虎钳的外形及结构

① 钳口　钳口包括活动钳口和固定钳口。活动钳口通过导轨与台虎钳固定钳身的导轨作滑动配合;固定钳口装在转盘座上,并能绕转盘座轴心线转动,当转到要求的方向时,扳动夹紧手柄使夹紧螺钉旋紧,便可在夹紧盘的作用下使固定钳身紧固不动。在固定钳口和活动钳口上,各装有钢制钳口,并用螺钉固定。钳口的工作面上制有交叉的网纹,使工件夹紧后不易产生滑动。钳口经过热处理淬硬,具有较好的耐磨性。

② 丝杠螺母　丝杠装在活动钳身上,可以旋转,但不能轴向移动,并与安装在固定钳身内的丝杠螺母配合。当摇动手柄使丝杠旋转,就可以带动活动钳身相对于固定钳身作轴向移动,起夹紧或放松的作用。

③ 底座　底座包括转盘座、夹紧盘。转盘座上有三个螺栓孔,用以与钳台固定。转盘式的钳体可旋转,使工件旋转到合适的工作位置。

④ 弹簧　弹簧借助挡圈和开口销固定在丝杠上,其作用是当放松丝杠时,可使活动钳身及时地退出。

(3) 台虎钳的型号规格

台虎钳的规格是用钳口宽度来表示,常用规格有 100 mm、125 mm、150 mm 等。

(4) 台虎钳的使用方法

台虎钳在钳台上安装时,必须使固定钳身的工作面处于钳台边缘台虎钳以外,以保证夹持长条形工件时,工件的下端不受钳台边缘的阻碍。回转底座的中间孔应该朝里边,这样钳台可承受更大的力,不至于压坏钳台,如图 1.2.5 所示。

(5) 台虎钳使用的注意事项

① 夹紧工件时要松紧适当,只能用手扳紧手柄,不得借助其他工具加力。

② 强力作业时,应尽量使力朝向固定钳身。

③ 不许在活动钳身和光滑平面上敲击作业。

④ 对丝杠、螺母等活动表面应经常清洗、润滑,以防生锈。

2. 钳工工作台

钳工工作台用于安装台虎钳和存放钳工常用工具、量具、夹具,如图 1.2.6 所示。

图 1.2.5　台虎钳的使用方法与维护

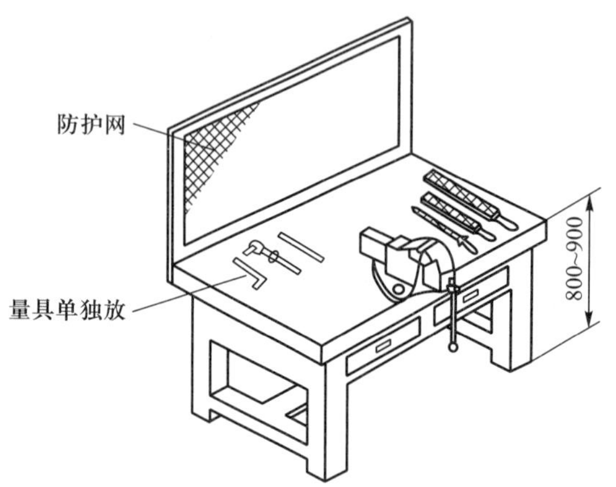

图 1.2.6　钳工工作台

1.2.3　钳工实训工器具

钳工实训工器具主要有:划针、划规、锯架、锯条、扁錾、手锤、各类锉刀、各类量具、钻头、扩孔钻、铰刀、丝锥等。具体结构、用途、使用方法,在各基本操作实训中加以介绍。

【讲解与示范】

实训指导师傅给学生讲解与示范台虎钳结构、安装、使用方法及使用的注意事项。

【学生动手操作】

学生在实训指导师傅的指导下,动手进行台虎钳的拆卸、装配与安装。

项目二　划线实训

任务一　钳工划线入门指导

【任务目标】

1. 了解钳工划线的概念、目的、分类,懂得划线的要求。
2. 了解划线工器具的种类、结构和用途;懂得其使用方法。
3. 明确划线的任务和要求。

【相关知识】

2.1.1　划线的概念、目的和分类

1. 划线的概念及目的

所谓划线就是利用划针、划规等划线工具将钣金展开放样后的图形直接在材料或毛坯上划出加工图形或加工界线的操作方法,如图 2.1.1 所示。其目的是为裁切下料提供裁切位置线。划线是钳工必备的基本技能之一。

图 2.1.1　钳工划线

2. 划线的分类

划线分为平面划线和立体划线。

(1) 平面划线

所谓平面划线,就是在一个平面上划出加工图形或加工界线,钣金在放样和下料中,一般多为平面划线。如图 2.1.2 所示为平板上已经划出的直线、圆弧线,并且在各交点处打有样冲眼。

(2) 立体划线

所谓立体划线,就是在几个立体表面上有联系地划线。例如:采用样板在角钢、槽钢、H 型钢等型材表面上划线。如图 2.1.3 所示为圆钢端面划十字中心线。

3. 划线的要求及精度

(1) 划线要求

线条清晰均匀,定形定位尺寸准确。

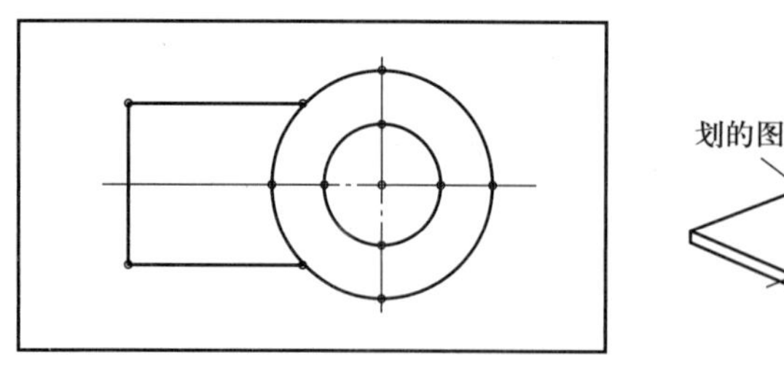
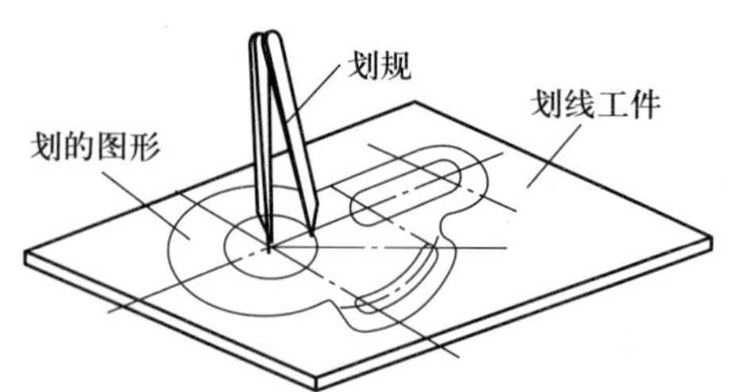

图 2.1.2　平面划线

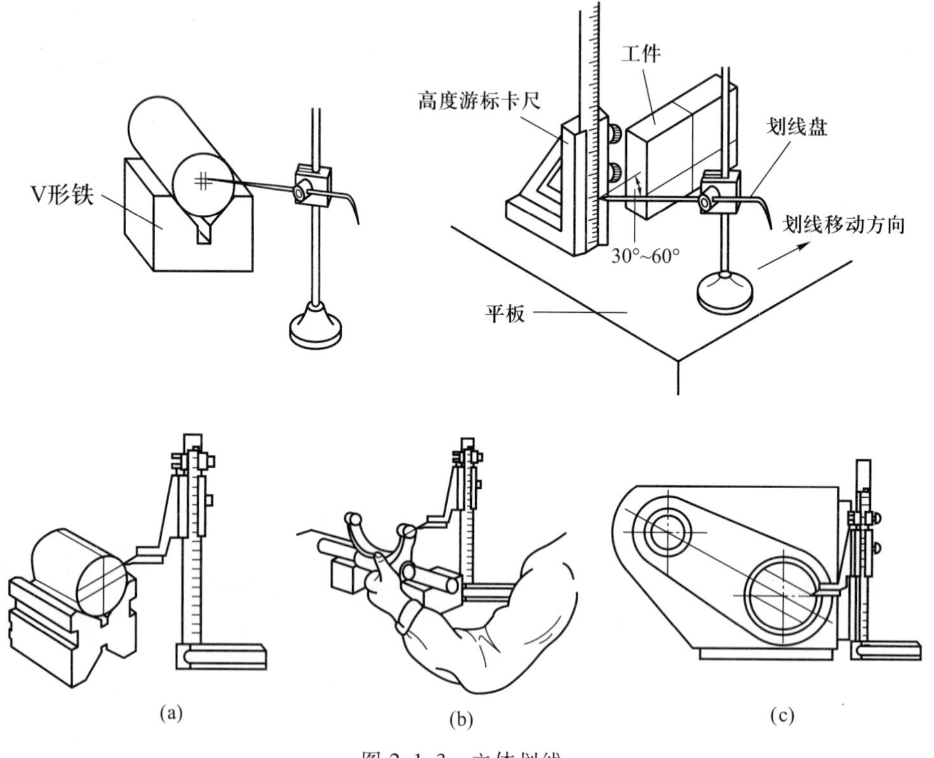

图 2.1.3　立体划线

(a)划偏心线;(b)划拨叉轴;(c)划箱体

(2) 划线的精度

划线的精度可以达到 0.25~0.5 mm。

2.1.2　划线的工器具及其使用

常见的划线工具有划线平台、直尺、划针、划线盘、划规、90°角尺、高度尺、万能角度尺、样冲、粉线等。如图 2.1.4 所示为常见的划线工具。下面将主要的划线工器具简单加以介绍。

1. 划线平台

划线平台(有的也称为划线平板)是用来放置工件和划线的工具,结构外形如图 2.1.5 所示。

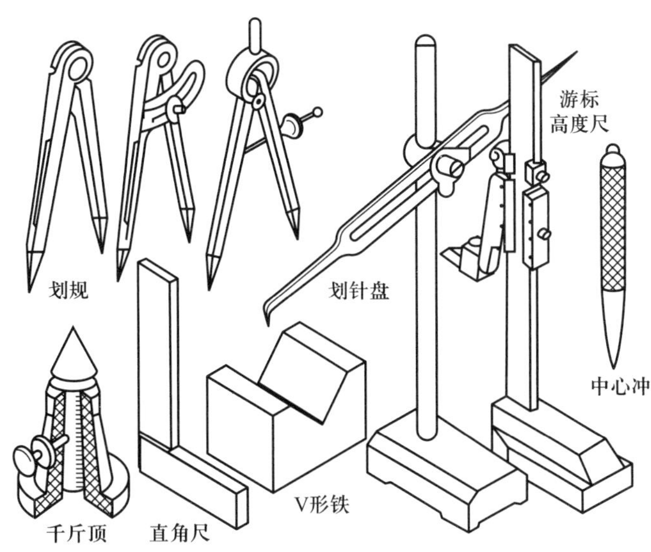

图 2.1.4　常见的划线工具

图 2.1.5　划线平台

(1) 划线平台的结构与材料

划线平台是一个上表面平滑,并且有底座支承面的矩形板块。划线平台的材料一般采用铸铁,经铸造、时效热处理和切削加工制成;而工作表面需经过精刨或刮削等精加工,是划线时的基准平面。

(2) 划线平台的使用要求

① 使用时,工作表面应保持水平清洁。使用划线平台时,要随时保持平台工作表面清洁,避免铁屑、灰砂等污物在划线工具或工件的拖动下划伤平台表面,从而影响划线精度。

② 使用中,要轻拿轻放物品,防止撞击平板工作表面。为此,工件和工具在平台上都要轻拿轻放,尤其禁止重物撞击平台或在平台上进行敲击工作而损伤平台工作表面。

③ 使用后,要将平台工作表面擦拭干净,并涂上机油防锈。

2. 划针

划针是将细小圆钢棒的一端在砂轮机上修磨呈针状的直棒,它用来在工件上划线条,是划线工作中必备工具之一。

(1) 划针的结构形状

划针结构形状为圆形,一般直径为 3~5 mm,长度约为 200~300 mm,为使其在板料上划出清晰的标记线，划针的尖端必须锐利，具有耐磨性，尖端的角度一般在 15°～20°之间，其结构形状如图 2.1.6 所示。

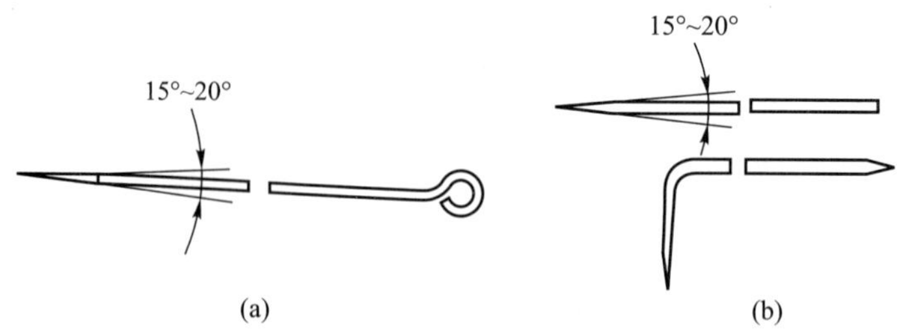

图 2.1.6　划针的种类及其结构形状

(a)直划针；(b)弯划针

(2) 划针的种类及其应用

划针两端分为直头端和弯头端，直头端用来划线，弯头端常用来划正工件的位置。

(3) 划针的材料及热处理

制造划针的材料通常是弹簧钢丝或高速钢，其针状端进行淬火处理，以提高其硬度和耐磨性，这样就不容易磨损变钝，从而提高其使用寿命。有的划针在尖端部位焊有硬质合金，耐磨性更好。

(4) 划针的使用要求

① 针尖要紧靠导向工具(例如钢板尺、角尺)的边缘，即：当上部向外侧和划线方向倾斜划线时，针尖要紧靠导向工具的边缘，并压紧导向工具，以避免滑动而影响划线的准确性。

② 划线时，划针的握法与用铅笔划线相似，上部向外侧倾斜 15°～20°，向划线移动方向倾斜约 45°～75°，如图 2.1.7 所示。

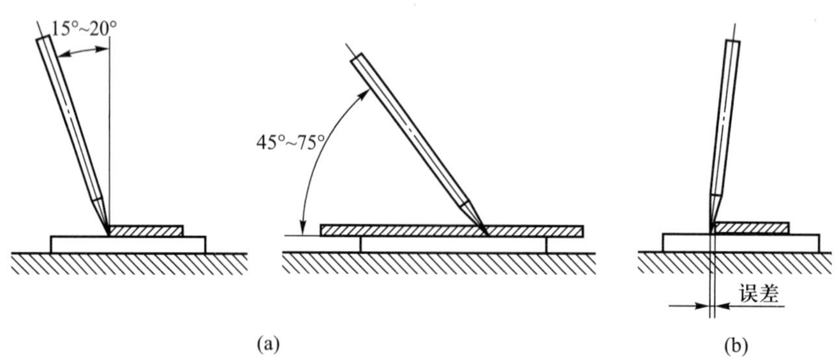

图 2.1.7　划针的种类及其使用方法

(a)正确；(b)错误

③ 在用钢尺和划针划连接两点的直线时，应先用划针和钢尺定好后一点的划线位置，然后调整钢尺使与前一点的划线位置对准，再开始划出两点的连接直线。

④ 不要重复划线。用划规划圆时，作为旋转中心的一脚应加以较大的压力，另一脚则以较轻的压力在工件表面上划出圆或圆弧，这样可使中心不致滑动。

3. 划规

划规类似制图中使用的圆规，因此划规也被称作圆规、划卡、划规等，它是用来划圆、圆弧，等分线段，确定轴及孔的中心位置，划平行线和量取尺寸的工具，是在钳工划线中不可缺少的工具。

（1）划规的结构类型

钳工用的划规有普通划规、弹簧划规和大尺寸划规等；最常用的是普通划规，它具有结构简单，制造方便，适用范围广泛等特点。划规的结构形状如图 2.1.8a 所示。划规的针状端需要进行淬火处理，其目的与划针的针状端淬火处理相同。

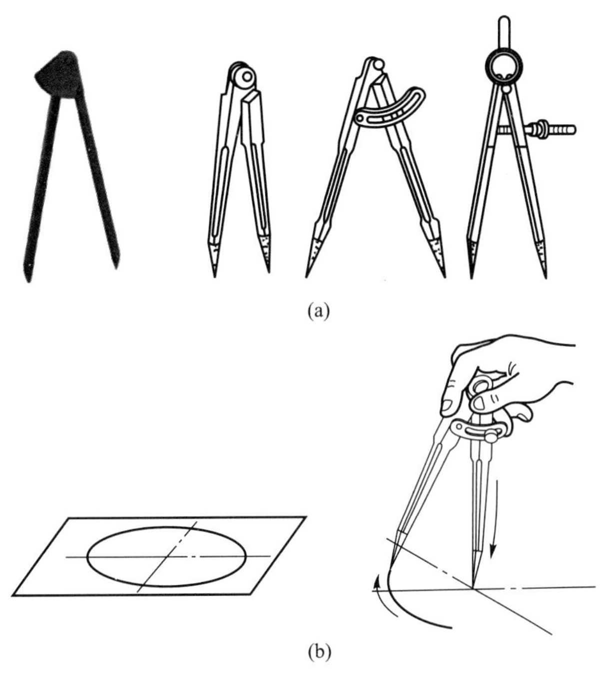

图 2.1.8　划规及其使用方法

（a）划规的结构类型；（b）划规的使用方法

（2）划规的使用方法及要求

划规的使用方法如图 2.1.8b 所示。其使用要求如下：

① 使用划规时，脚尖要保持尖锐并且靠紧；旋转脚施力要大，而划线角施力要轻。

② 划规两脚的长短要磨得稍有不同，而且两脚合拢时脚尖能靠紧，这样才可划出尺寸较小的圆弧。划规的脚尖应保持尖锐，以保证划出的线条清晰。

③ 用划规划圆时，作为旋转中心的一脚应加以较大的压力，另一脚则以较轻的压力在工件表面上划出圆或圆弧，这样可使中心不致滑动。

4. 划线盘

（1）划线盘的构造

划线盘的结构组成主要由圆形或方形底座、立柱（也称为支撑杆）、划针、可调节划针夹持架（也称为夹紧螺母）等组成，其结构形状如图 2.1.9 所示。

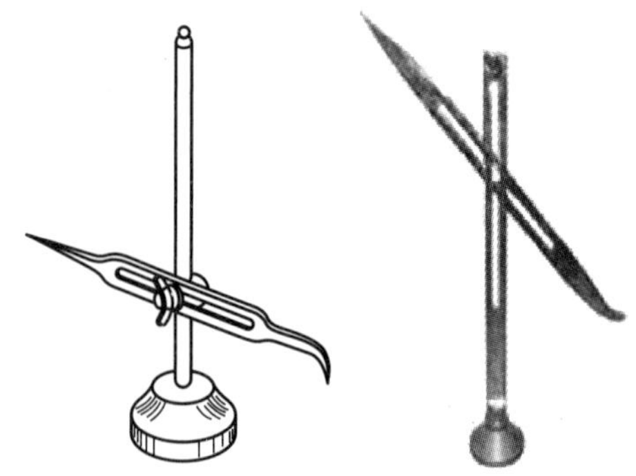

图 2.1.9　划线盘的结构类型

（2）划线盘的应用

划线盘主要用于立体划线。划线盘配合划针既可以在划线平台上进行划线，也可以在机床上用来找正工件的位置。直头端划针可用来划线，弯头端常用来找正工件的位置。例如找正工件表面与划线平台表面的平行等，划线盘的使用方法如图 2.1.10 所示。

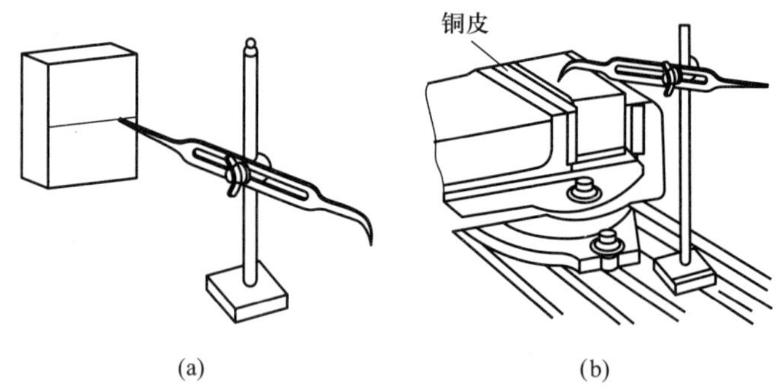

图 2.1.10　划线盘的使用方法

（a）用划线盘划线；（b）用划线盘找正

5. 钢板尺

钢板尺（也称为钢直尺）主要用来量取尺寸、测量工件以及作划直线时的导向工具。

（1）钢板尺的结构

刻度线是通过蚀刻法、加上黑色铬电镀等方法制作，不会脱落。钢板尺正面的刻度线是公制；背面有公制对英制的换算表，其结构形状如图 2.1.11 所示。钢板尺是划线中常用的测量工具，尤其是在划直线时，更是不可缺少的工具。

图 2.1.11　钢板尺（钢直尺）

(2) 钢板尺的规格

钢板尺的规格是按照其测量长度来标明的，常见的规格有 150 mm、300 mm、600 mm 和 1 000 mm 几种。在测量和划线操作中，可根据测量尺寸或划线长度加以选择。

(3) 钢板尺的使用

在横测时，钢板尺要与工件平行，视线应与工件成 90°；在立测时，钢板尺要与工件垂直，视线应与工件成 90°。在测量工件时，握钢板尺之手必须靠近工件，保持钢板尺稳定正确，不使其摆动与歪斜，如图 2.1.12 所示。

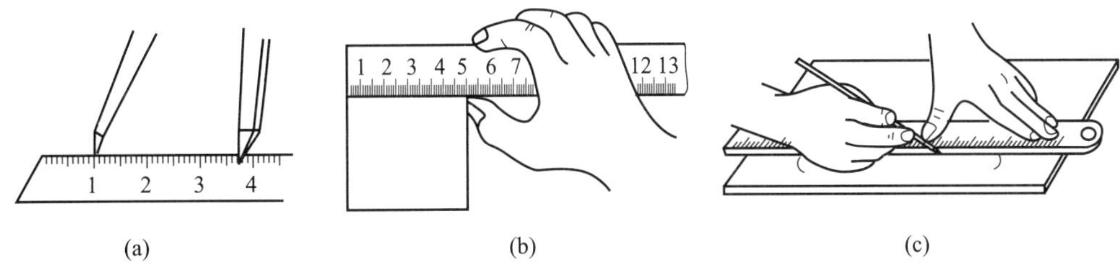

图 2.1.12　钢板尺(钢直尺)的使用方法

(a)量取尺寸；(b)测量尺寸；(c)划直线

6. 钢卷尺

钢卷尺结构形状如图 2.1.13 所示。与钢板尺的作用相似，钢卷尺也是划线中常用的测量工具，特别是在测量长度范围超过钢板尺的规格时，往往采用钢卷尺。

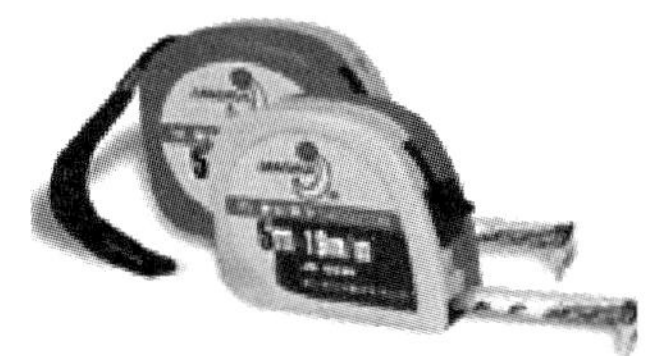

图 2.1.13　钢卷尺

7. 高度游标卡尺

(1) 高度游标卡尺的结构

高度游标卡尺简称高度尺，它的结构特点是用质量较大的基座代替固定量爪，而动尺框则通过横臂装有测量高度和划线用的量爪，量爪的测量面上镶有硬质合金，以提高量爪使用寿命，结构形状如图 2.1.14 所示。

(2) 高度游标卡尺的用途

高度游标卡尺广泛应用于机械加工中的高度测量、划线等。划线时，调好划线高度，用紧固螺钉把尺框锁紧后，也应在平台上先进行调整再进行划线。高度尺划线如图 2.1.15 所示。

8. 游标卡尺

游标卡尺是一种测量长度、内外径、深度的量具。

标准游标卡尺的结构形状如图 2.1.16 所示。常用精度为 0.05 mm 和 0.02 mm 的游标卡尺，此外还有 0.10 mm 的游标卡尺。

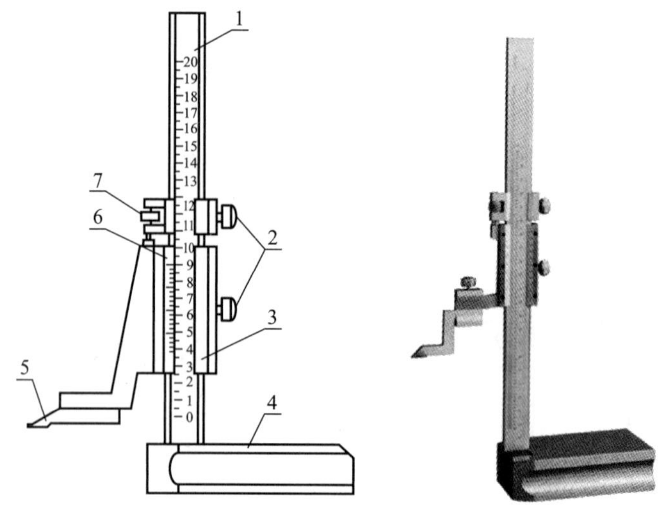

图 2.1.14 高度尺的结构和外观形状

1—主尺;2—紧固螺钉;3—尺框;4—基座;5—量爪;6—游标卡;7—微动装置

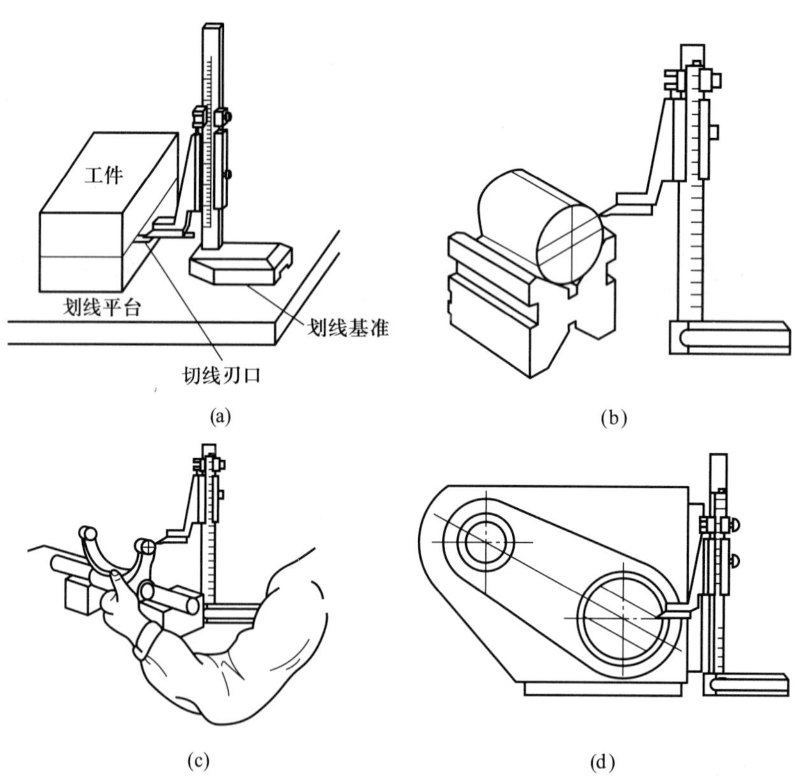

图 2.1.15 高度尺的应用

(a)划水平线;(b)划轴的偏心线;(c)划拨叉轴心线;(d)划箱体孔中心线

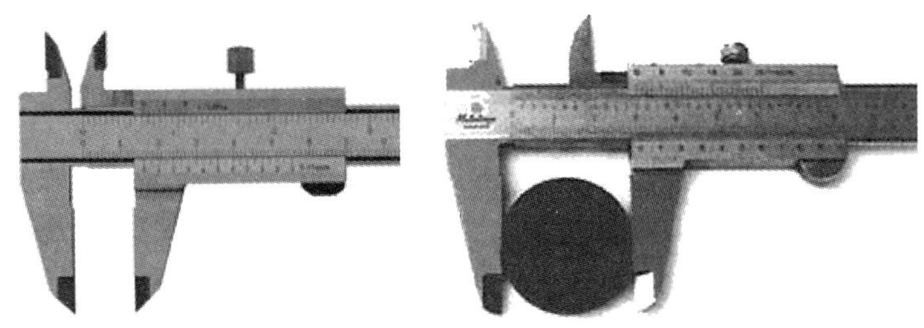

图 2.1.16　标准游标卡尺及其使用

9. 万能角度尺

万能角度尺是用来测量精密零件内外任意角度或进行任意角度划线的角度量具。

(1) 万能角度尺的结构类型

万能角度尺有Ⅰ型和Ⅱ型两种类型。Ⅰ型的结构形状如图 2.1.17 所示;Ⅰ型的结构最为常用,因此,这里主要介绍Ⅰ型的结构。

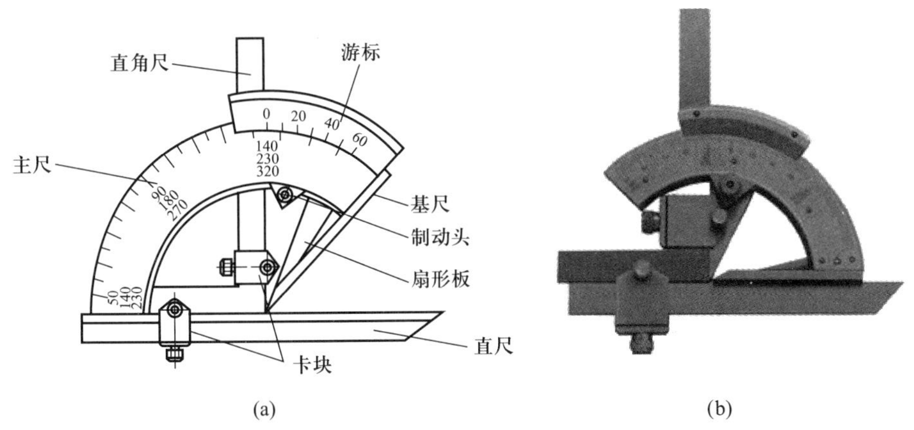

图 2.1.17　万能角度尺
(a) Ⅰ型万能角度尺结构;(b) Ⅰ型万能角度尺外观形状

(2) 万能角度尺的读数机构

它主要由刻有基本角度刻线的基尺、主尺、固定在扇形板上的游标、制动头、直角尺、直尺等组成。扇形板可在基尺上回转移动,于是形成了与游标卡尺相似的游标读数机构,万能角度尺的测量精度为 2′。

万能角度尺的读数方法与游标卡尺相同,即:先读出游标零线前的角度是几度,再从游标上读出角度“分”的数值,两者相加就是被测零件的角度数值。

(3) 万能角度尺的应用

万能角度尺是用来测量精密零件内外任意角度或进行任意角度划线的角度量具,如图 2.1.18 所示是万能角度尺的应用实例。

10. 90°角尺

(1) 90°角尺的用途和结构形状

90°角尺是用来划平行线或垂直线的量具,其结构形状如图 2.1.19 所示。

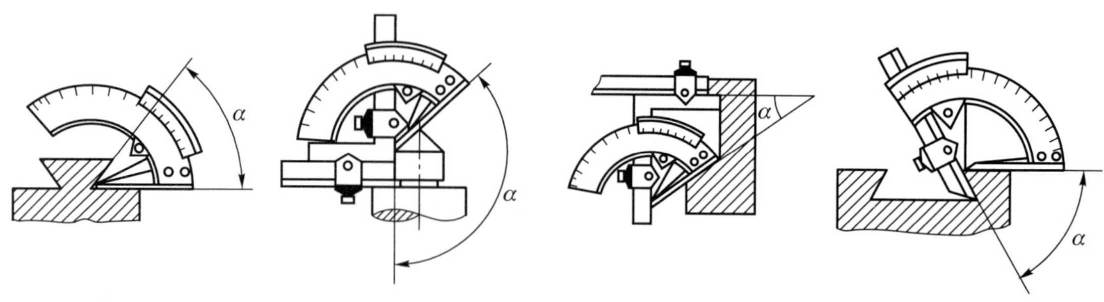

图 2.1.18　万能角度尺的应用实例

图 2.1.19　90°角尺的结构形状

（2）90°角尺使用方法

划线、测量时的使用方法如图 2.1.20 所示。

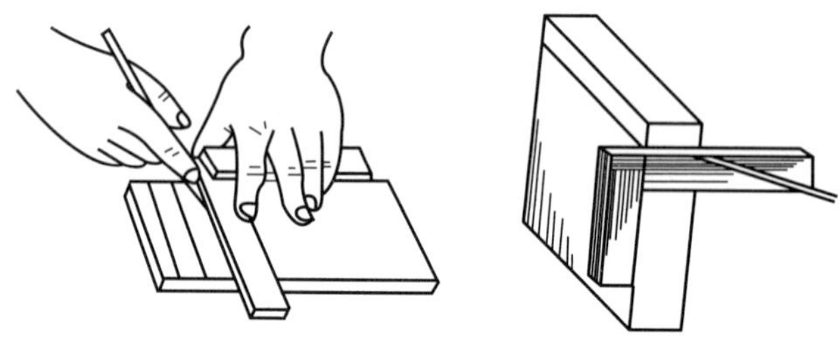

图 2.1.20　划线和测量

（3）90°角尺的规格

90°角尺是根据其测量长度来标明的，常见的有 150 mm、200 mm、300 mm、400 mm 等。

11. 样冲

（1）样冲的用途

样冲用于在工件已划好的加工线条上冲点，作加强界线标志（称检验样冲点），以保存所划的线条；在使用划规划圆弧或钻孔前，也要先用样冲在圆心上冲眼，作为划规定圆心立脚点或钻孔定中心（称中心样冲点）。

（2）样冲的材料与结构形状

样冲一般用工具钢或白钢制成，亦可用废旧丝锥等改制。样冲的针状尖端处淬硬，以提高其硬度和耐磨性，从而提高其使用寿命，其外形如图 2.1.21a 所示。样冲的端部尖角可根据用途的不同磨成 30°~40°或 60°角，如图 2.1.21b 所示。

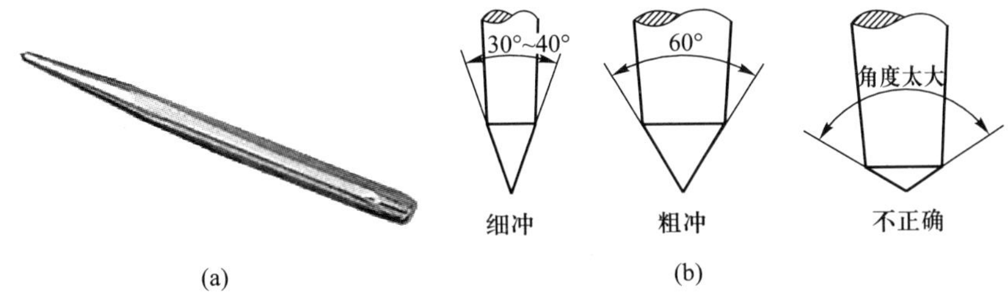

图 2.1.21　样冲结构

(3) 样冲的使用方法及其操作要领

① 冲点方法应先外倾对中，后立直。即冲点时，应先将样冲外倾使尖端对准线的正中，然后再将样冲立直冲点。

② 冲点要求位置准确，深浅适当；线短点少，线长点多，交叉转折必冲点。样冲的使用方法如图 2.1.22 所示。

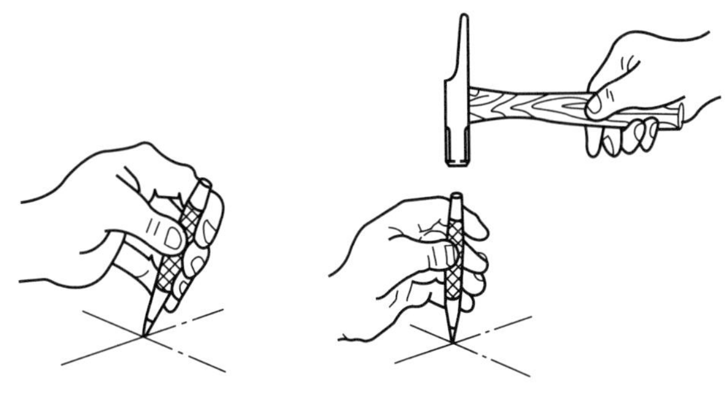

图 2.1.22　样冲的使用方法

12. 划线的涂料

划线的涂料常用的有石灰水(加牛皮胶)，一般用于表面粗糙的铸、锻件毛坯上的划线；酒精色溶液(加漆片和紫蓝颜料配制)和硫酸溶液，用于已加工表面上的划线。

2.1.3　划线的任务和要求

本项目主要进行平面划线和立体划线实训。根据实训专业特点与时间安排，重点掌握平面划线的方法、操作步骤和操作要领。

【讲解与示范】

实训指导师傅给学生讲解与示范划线工器具的结构、使用方法及使用的注意事项。

【学生动手操作】

学生在实训指导师傅的指导下，观察划线工器具的结构、使用方法并动手操作。

任务二 划线操作训练及其考核

【任务目标】

1. 了解掌握平面划线的方法、操作步骤和操作要领。
2. 懂得立体划线的方法、操作步骤和操作要领。

【相关知识】

2.2.1 平面划线的方法、操作步骤和操作要领

1. 平面划线时基准线的确定

1）两垂直中心线 以两垂直中心线为基准，如图 2.2.1 所示。

2）两垂直平面投影线 以两垂直平面投影线为基准，如图 2.2.2 所示。

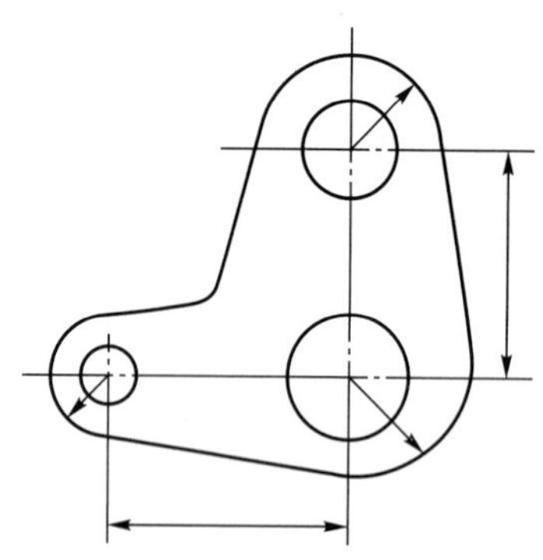

图 2.2.1 以两垂直中心线为基准

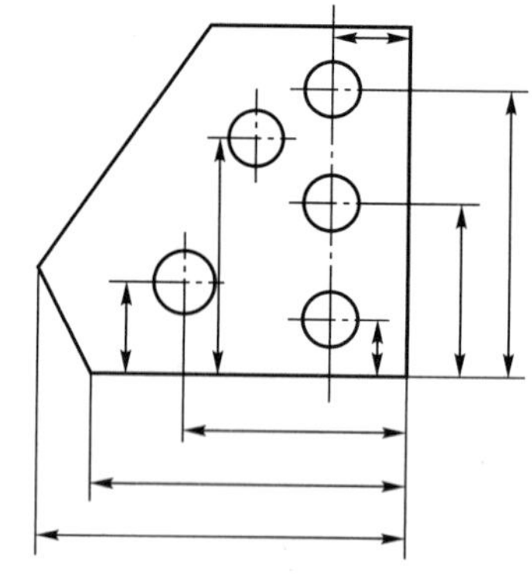

图 2.2.2 以两垂直平面投影线为基准

3）一中心线和与它垂直平面的投影线 以一中心线和与它垂直平面的投影线为基准，如图 2.2.3 所示。

2. 基本线条的划法

（1）平行线划法

采用作图法、角尺、平台和划针盘划平行线，如图 2.2.4 所示。

（2）垂直线划法

采用作图法、直角尺划垂直线，如图 2.2.5 所示。

（3）角度线划法

划 45°、30°、60°、75°、120°线，用角度规划角度线，如图 2.2.6 所示。

（4）正多边形划法

在已知圆内划正方形、正六边形、正五边形，如图 2.2.7 所示。

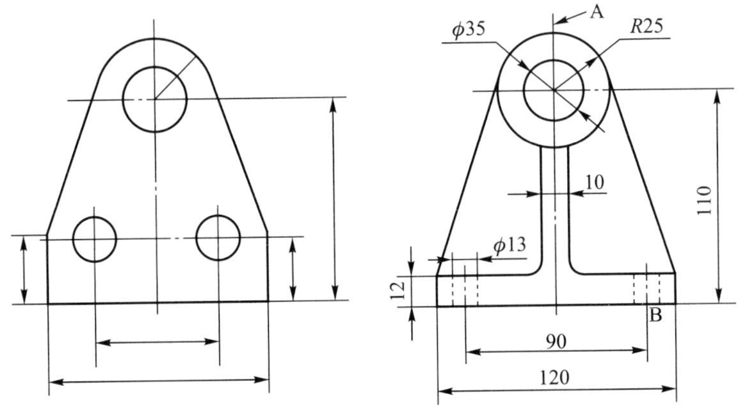

图 2.2.3　一中心线和与它垂直平面投影线为基准

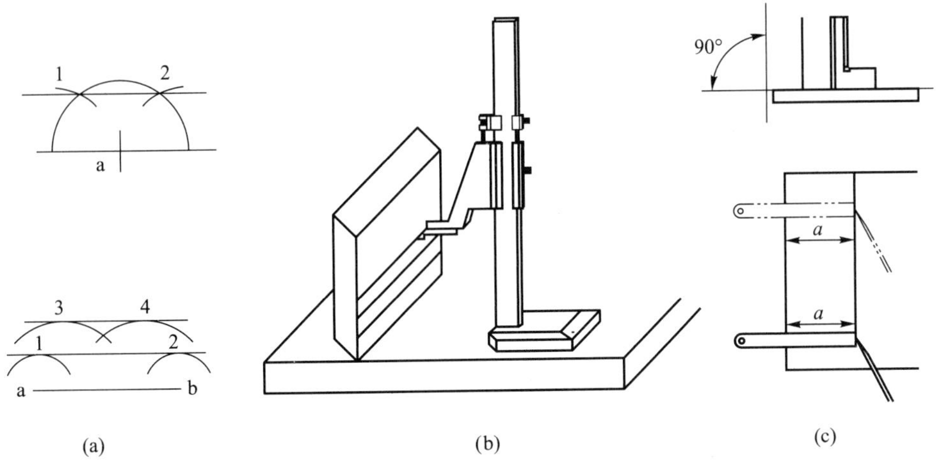

图 2.2.4　平行线的划法

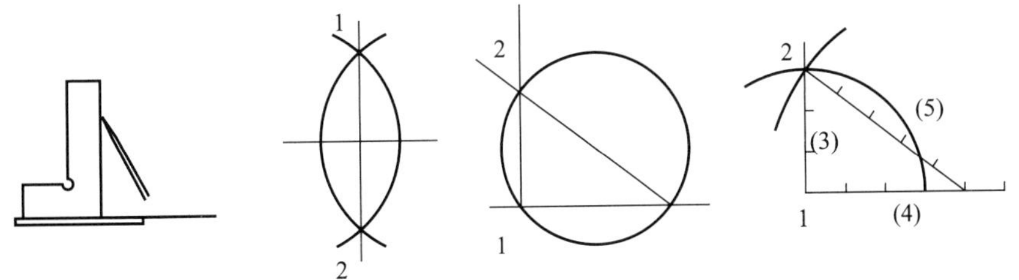

图 2.2.5　垂直线的划法

3. 划线中的打样冲眼

划线后，应在划出的线上打样冲眼，其目的是为了在以后的剪切、切割、钻孔等加工中避免线条不清而影响加工操作，如图 2.2.8 所示。

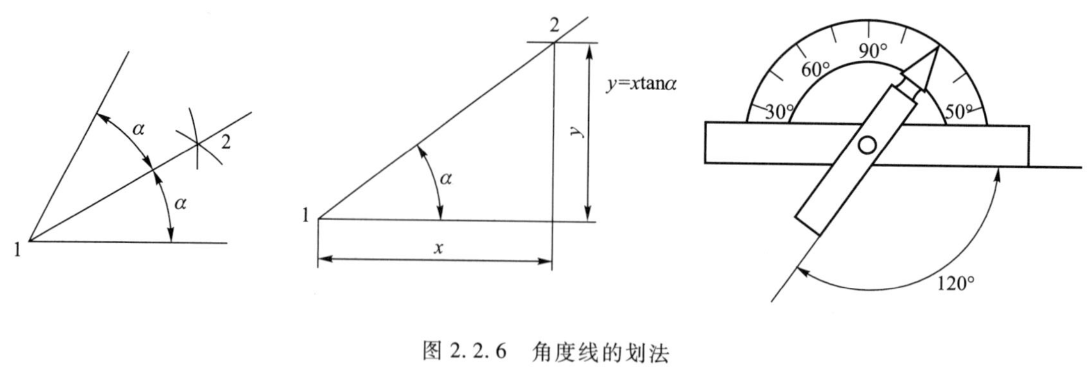

图 2.2.6　角度线的划法

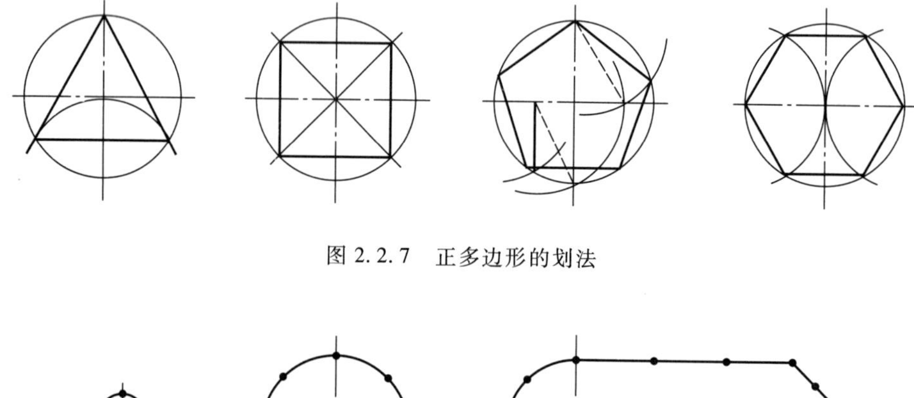

图 2.2.7　正多边形的划法

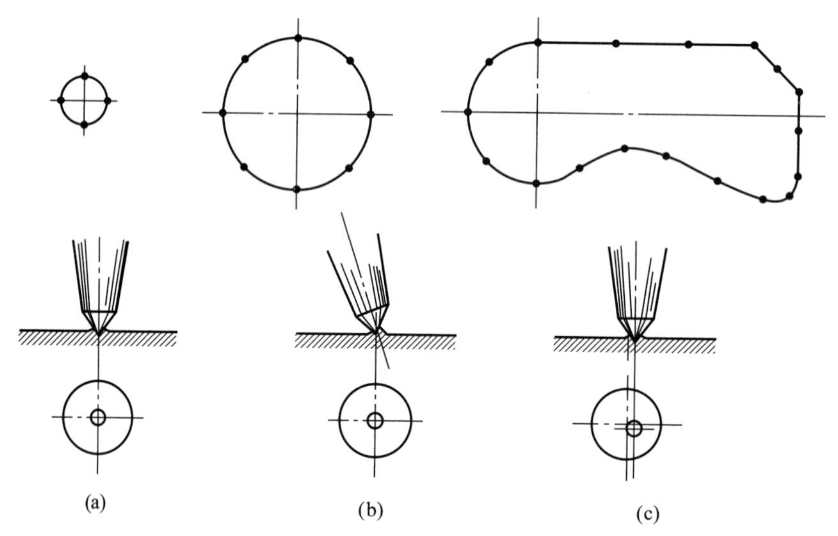

图 2.2.8　划线时要打的样冲眼

(a)垂直对正;(b)不垂直;(c)偏心

4. 平面划线的实训步骤

平面划线是在工件的一个表面上划线,其方法、步骤与机械制图相似。现以制作如图 2.2.9 所示小锤样板为例,用划线工具,在划线平台上对小锤样板(薄板,厚度 $\delta=1.5$ mm)进行平面划线,精度达到 0.25~0.5 mm;其划线步骤如下:

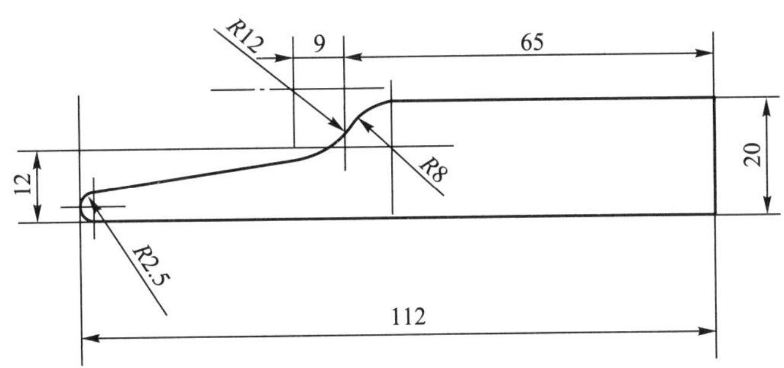

图 2.2.9　制作小锤时使用的样板划线

（1）实训准备

1）工件准备见表 2.2.1。

表 2.2.1　小锤样板平面划线工件准备明细

实训件名称	材料	工件材料来源及规格	下道工序	数量
小锤样板	Q235-A	备料　50 mm×130 mm×1.5 mm	项目三　任务三中錾切薄板	1 件/人

2）工具、刃具、量具、辅具准备。划线平台、钢直尺、90°角尺、游标卡尺（0.02 mm、0~150 mm）、划针、划规、样冲、蓝油若干。

3）对实习件进行清理和划线表面涂色。

（2）划线操作步骤

1）分析图样，明确要求。根据图 2.2.9 可知：此图样为小锤样板，形状较简单，既有直线，也有圆弧，尺寸精度要求比较高，要求在薄板上划线。

2）熟悉图样中图形的划法，并且按图样应采取的划线基准及最大轮廓尺寸安排各基准线在实习件上的合理位置。

3）将小锤样板所用薄板平放在划线平台上，划基准线。以图 2.2.9 所示小锤样板的下边和右边为高度和长度方向的基准。

注意平面划线的原则：先划基准线，再按从下至上、从左至右、由外向内的顺序划线。

4）小锤样板的具体划线操作步骤如下。

① 划平行线和直线　将小锤样板所用薄板平放在划线平台上，钢直尺、90°角尺配合，用划针划所有平行线和直线。

② 划 $R2.5$ 圆弧线　确定 $R2.5$ 圆心，并且在圆心处打样冲眼，然后用划规划 $R2.5$ 圆弧线。

③ 划 $R8$ 圆弧线　确定 $R8$ 圆心，并且在圆心处打样冲眼，然后用划规划 $R8$ 圆弧线。

④ 划 $R12$ 圆弧线　确定 $R12$ 圆心，并且在圆心处打样冲眼，然后用划规划 $R12$ 圆弧线。

⑤ 划 $R2.5$ 与 $R12$ 圆弧的切线　钢直尺配合，用划针划 $R2.5$ 与 $R12$ 圆弧的切线。

⑥ 图形、尺寸复查、校对并打样冲眼　对图形、尺寸复查、校对，确认无误后再在小锤样板边缘上打检验样冲眼。注意在交点及连接点处必须打样冲眼。

【讲解与示范】

实训指导师傅给学生讲解与示范小锤样板的平面划线方法、操作步骤及注意事项。

【学生动手操作】

同学们在实训指导师傅的指导下，动手进行小锤样板的平面划线；同时进行下列平面划线练习，以达到掌握平面划线的方法和操作步骤的目的。

平面划线补充练习一：练习划如图 2.2.10 所示圆周线、同心圆线、方格线。

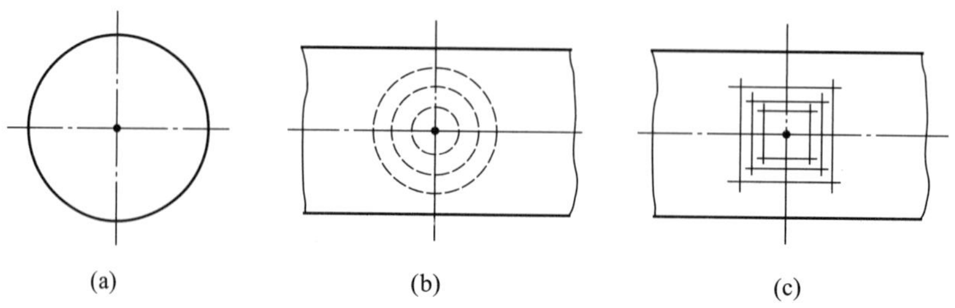

图 2.2.10 平面划线练习一

(a)划孔的圆周线；(b)划同心圆线；(c)划方格线

平面划线补充练习二：练习划如图 2.2.11 所示板块件的平面划线。

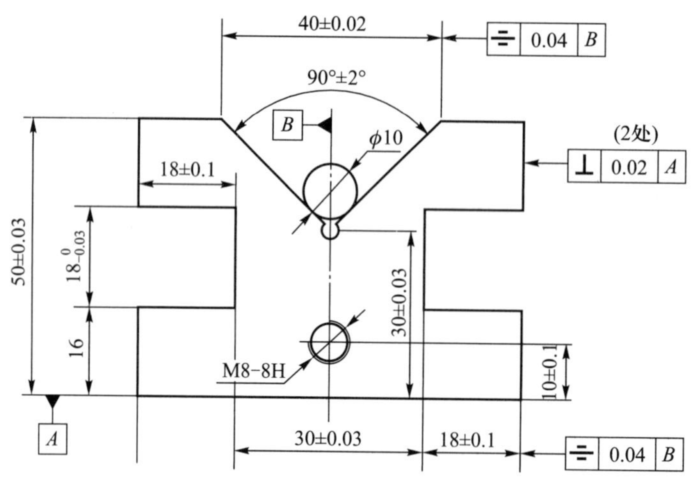

图 2.2.11 平面划线练习二

2.2.2 立体划线的方法、操作步骤和操作要领

立体划线是在工件的几个表面上划线，如在长、宽、高方向或其他倾斜方向上划线，如图 2.2.12 所示。

1. 立体划线常用划线工具

工件的立体划线通常在划线平台上进行，划线时，工件多用千斤顶来支承，有的工件也可用方箱、V 形块等支承。

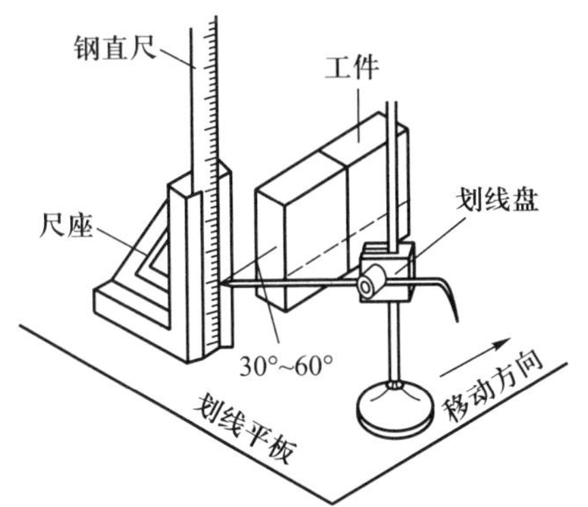

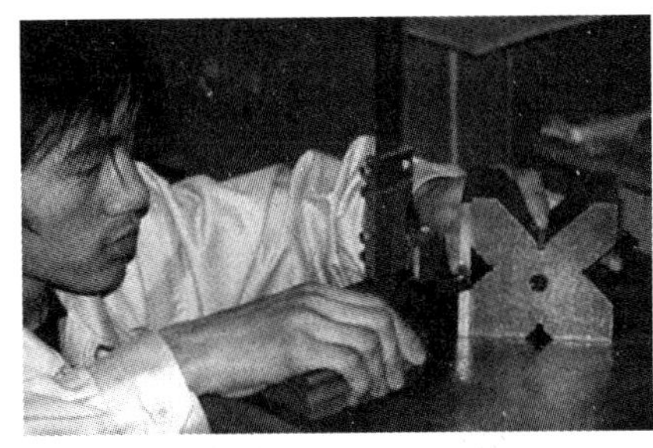

图 2.2.12 立体划线

(1) 方箱

方箱采用铸铁铸造,表面经过磨削或者刮研加工,各相邻表面相互垂直,一般附有夹持装置和 V 形块用于夹持工件;如果翻转位置,则能划出工件上的垂直线。方箱的结构形状及使用如图 2.2.13 所示。

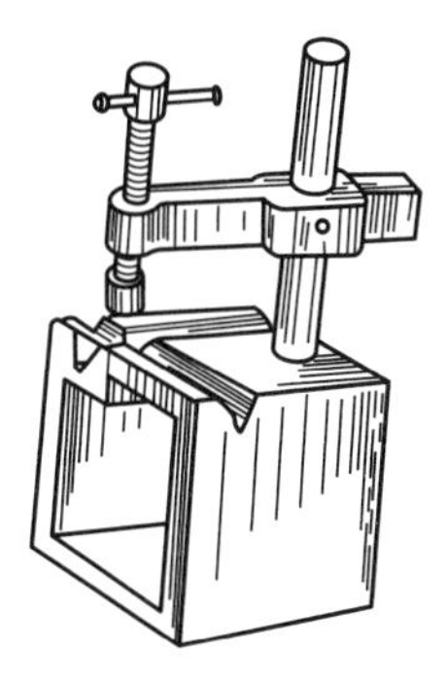

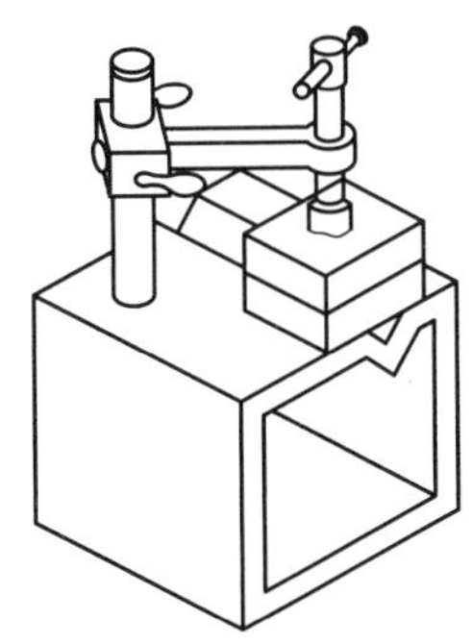

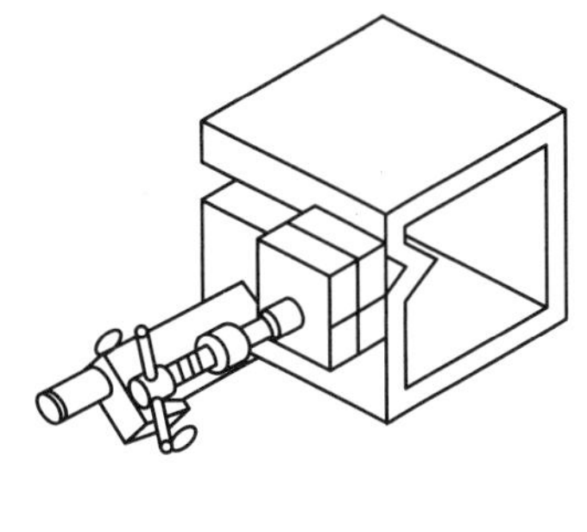

图 2.2.13 方箱的结构形状及使用

(2) V 形块

V 形块又称 V 形架,通常用两个等高 V 形块组合使用,用于安装圆柱形工件,对其划中心线、找中心等,其结构形状如图 2.2.14 所示。

2. 立体划线的操作步骤

(1) 划线前的准备工作

毛坯在划线前要进行清理(将毛坯表面的脏物清除干净,清除毛刺),划线表面需涂上一层薄而均匀的涂料,毛坯面涂大白浆或粉笔;已加工面涂紫色涂料(甲紫加虫胶和酒精)或绿色涂料(孔雀绿加虫胶和酒精)。有孔的工件,还要用铅块或木块堵孔,以便确定孔的中心。

(2) 立体划线操作

如图 2.2.15 所示为轴承座的立体划线操作方法,它属于毛坯划线。

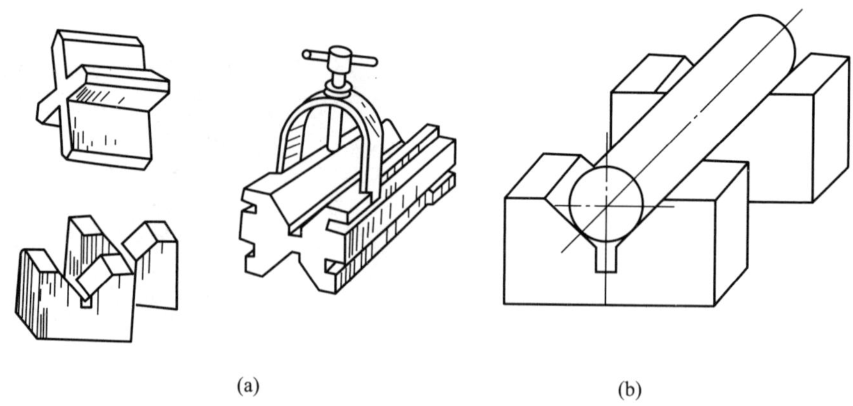

图 2.2.14 V 形块的种类、结构形状及使用

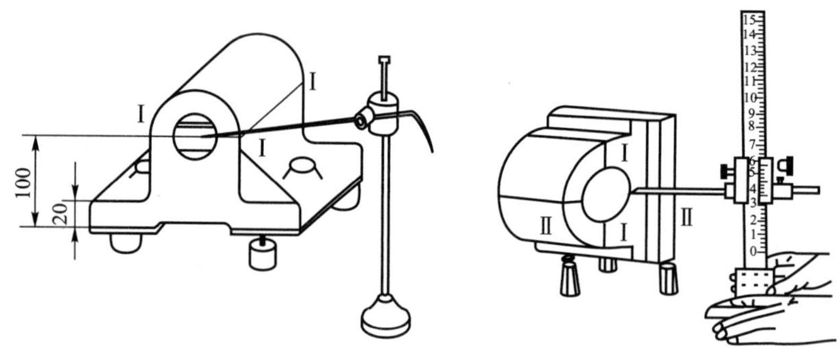

图 2.2.15 轴承座的立体划线

【讲解与示范】

实训指导师傅给学生讲解与示范如图 2.2.16 所示棒料的立体划线的方法及操作要领。

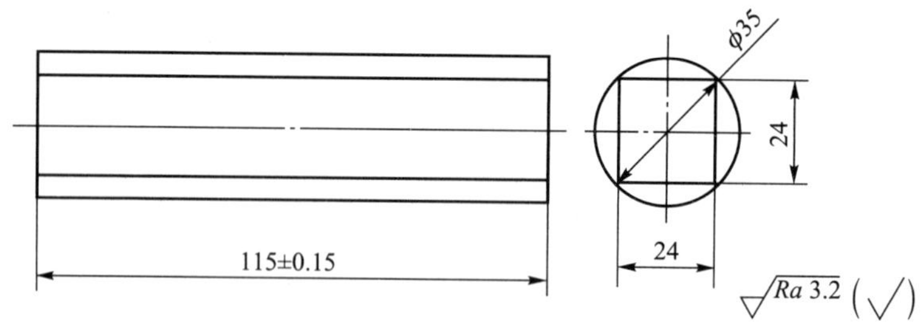

图 2.2.16 棒料立体划线练习

1. 划线准备

(1) 工件准备

工件准备见表 2.2.2。

表 2.2.2　棒料划线工件准备明细

实训件名称	材料	工件材料来源及规格	下道工序	数量
圆棒料	45	备料　ϕ35 mm×115 mm	项目三　任务二中錾削平面	2 件/人

(2) 工具、刃具、量具、辅具准备

划线平台、钢直尺、90°角尺、游标卡尺(0.02 mm、0~150 mm)、高度游标卡尺、方箱、划针、样冲。

2. 划线操作步骤

1) 分析图样,明确任务与要求。根据图 2.2.16 可知:此图样形状较简单,只需要划直线,尺寸精度要求不高,要求在端面上划 24 mm×24 mm×115 mm 长方形线。需要采用方箱和高度游标卡尺配合在圆棒料四周划线,为后续的錾削、锯削及锉削训练做准备。

2) 将圆棒料平放在方箱的 V 形槽中并夹紧,以棒料右端面和中心线为划线基准。

3) 用游标卡尺和高度游标卡尺配合,划出圆棒料的水平中心线。

4) 调整高度游标卡尺的刃口,从中心上移 12 mm,在两个端面和四周划水平线;再调整高度游标卡尺的刃口,从中心下移 12 mm,在两个端面和四周划水平线。

5) 将方箱垂直旋转 90°,用游标卡尺和高度游标卡尺配合,划出圆棒料的垂直中心线,方法同前。

6) 调整高度游标卡尺的刃口,从中心上移 12 mm,在两个端面和四周划水平线;再调整高度游标卡尺的刃口,从中心下移 12 mm,在两个端面和四周划水平线。

7) 图形、尺寸复查、校对与打样冲眼　对图形、尺寸复查、校对,确认无误后再在棒料边缘上打检验样冲眼。

立体划线的注意事项

1) 必须全面、仔细地考虑工件在平台上的位置摆放,确定划线方法、步骤,确定尺寸的基准线。这是保证立体划线准确的关键环节之一。

2) 必须正确掌握划线工具的使用方法和划线操作要领。

3) 如果用划线盘划线时,划针伸出的长度要尽可能短,同时要夹牢固。

4) 划线时,高度游标卡尺底座或者划线盘一定要紧贴平台平面移动,并且划线压力要均匀一致,以保证划线准确,这是平面划线的重点和难点。

5) 划出的线条细而清晰,以免把线划重。

6) 任何一个工件划线后都必须做一次仔细的尺寸复查、校对工作,以避免差错,并且打样冲眼准确。

7) 划线工具位置摆放要正确、整齐。

【学生动手操作】

学生在实训指导师傅的指导下,动手进行如图 2.2.16 所示棒料的立体划线的划线方法、操作步骤训练。

项目三　錾 削 实 训

任务一　錾削实训入门指导

【任务目标】

1. 了解錾削的概念、作用。
2. 了解錾削工器具的种类、结构和用途；懂得其使用方法。
3. 明确錾削的任务和要求。

【相关知识】

3.1.1　錾削的概念及作用

1. 錾削的概念

錾削是一种用锤子打击錾子对金属工件进行切削加工的方法。

2. 錾削的作用及特点

(1) 作用

錾削一般用来錾铸件的毛刺或者浇冒口、锻件的飞边；也可錾配合件凸出的错位、边缘及多余的金属；还可以分割材料、錾削油槽等，如图 3.1.1 所示。

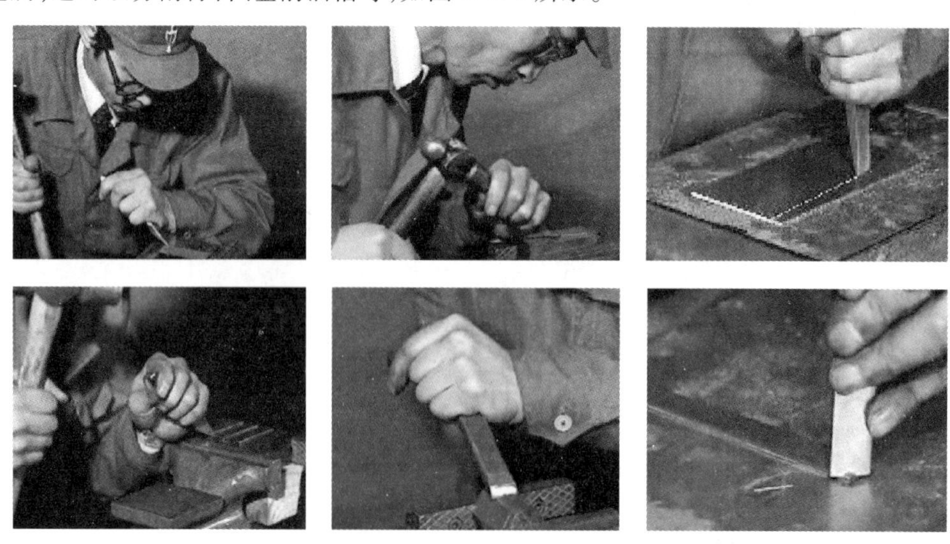

图 3.1.1　钳工錾削操作

（2）錾削特点

錾削时用力大，切口质量不太好，并且每次切口长度也有限。

3.1.2　錾削的工器具

錾削所采用的工器具主要有錾子、虎钳、手锤、砂轮机等。这里主要介绍錾子、手锤的结构及其使用方法，虎钳、砂轮机等工器具将在其他相关实训项目中加以介绍。

1. 錾子

錾子是一种用碳素钢经锻打成型后，再进行刃磨和热处理而成的錾削工具。

（1）錾子的种类

根据其结构形状的不同，常用的錾子种类有扁錾、尖錾、油槽錾三种，如图 3.1.2 所示。

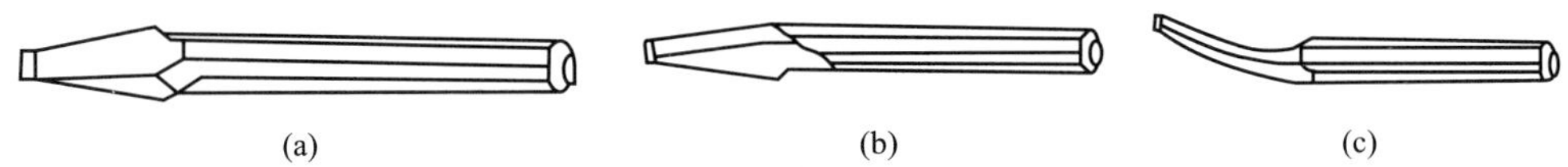

(a)　(b)　(c)

图 3.1.2　錾子的结构类型

(a) 扁錾（平錾）；(b) 尖錾；(c) 油槽錾

① 扁錾（也称为平錾）　如图 3.1.2a 所示，它主要用来錾削平面、去毛刺和分割板料等。扁錾的切削部分扁平，切削刃较宽并略带圆弧形，这是为了在平面上錾去微小的凸起部分时，切削刃两边的尖角不易损伤平面的其他部分，因此扁錾的应用较为广泛。扁錾的应用如图 3.1.3 所示。

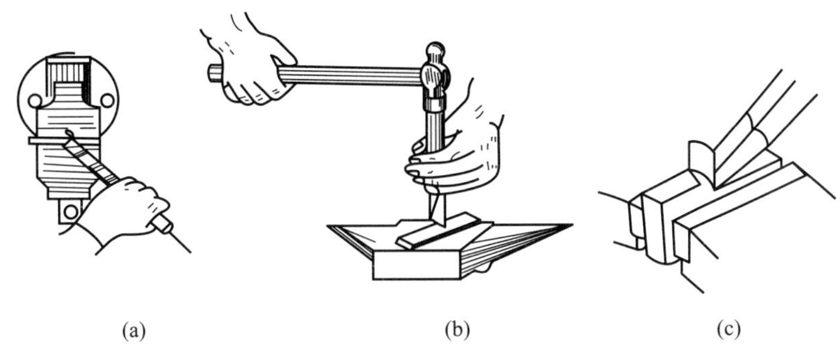

(a)　(b)　(c)

图 3.1.3　扁錾的应用

(a) 錾切板料；(b) 錾断条料；(c) 錾削窄平面

② 尖錾（也称为狭錾）　主要用于錾槽和分割曲线形板料，如图 3.1.2b 所示。尖錾的应用如图 3.1.4 所示。尖錾的切削刃比较短，切削部分的两侧面，从切削刃到錾身是逐渐狭小，以防錾槽时两侧面被卡住，以致增加錾削阻力和损坏沟槽侧面。尖錾过渡部分的两斜面有较大的角度，是为了保证切削部分具有足够的强度。

③ 油槽錾　如图 3.1.2c 所示，常用来錾切平面或曲面上的润滑油槽。油槽錾的切削刃很短，呈圆弧形。油槽錾的应用如图 3.1.5 所示。

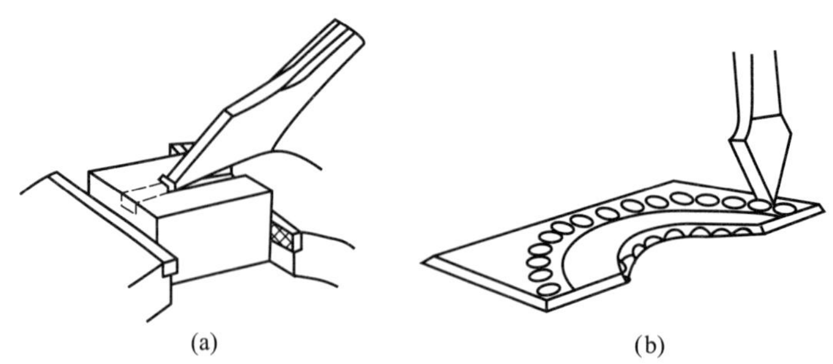

图 3.1.4　尖錾的应用

(a)錾槽;(b)分割曲线形板料

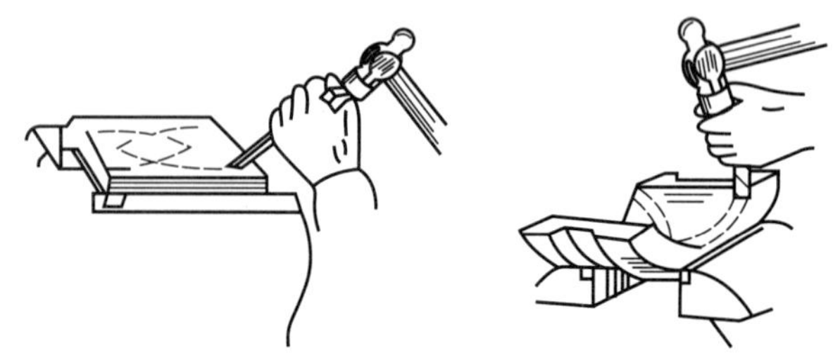

图 3.1.5　油槽錾的应用

(2) 錾子的结构组成

无论是哪种结构类型的錾子,它都是由头部、錾身(即柄部)及切削部分三部分组成,如图 3.1.6 所示。

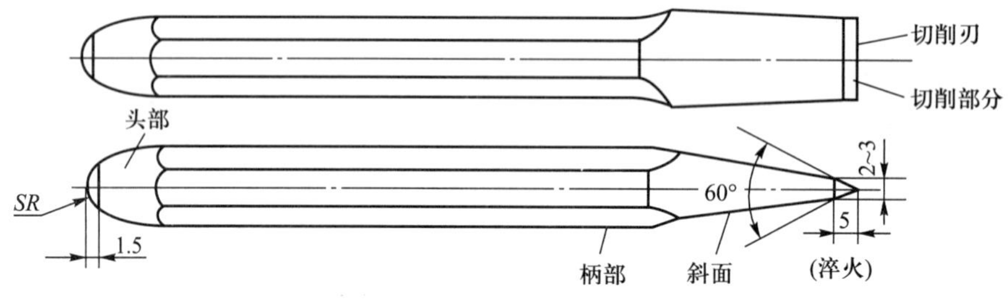

图 3.1.6　錾子的结构组成

① 头部　錾子的头部做成圆锥形,有一定的锥度,在顶端略带球形,以便锤击时作用力容易通过錾子中心线,朝着刃口的錾切方向,使錾子容易保持平稳。

② 錾身(即柄部)　錾子的錾身多数呈八棱形,便于控制握錾方向,以防止錾削时錾子转动。

③ 切削部分　錾子的切削部分由前刀面、后刀面和切削刃组成。前刀面指切削时,切屑从錾子上流出的表面;后刀面指切削时,錾子上与工件已加工表面相对的面;而切削刃指前刀面与后刀面的交线,它担负着主要的切削工作。

(3) 錾子切削部分的几何角度

錾削时形成的切削角度有前角、后角和楔角三个几何角,如图 3.1.7 所示。

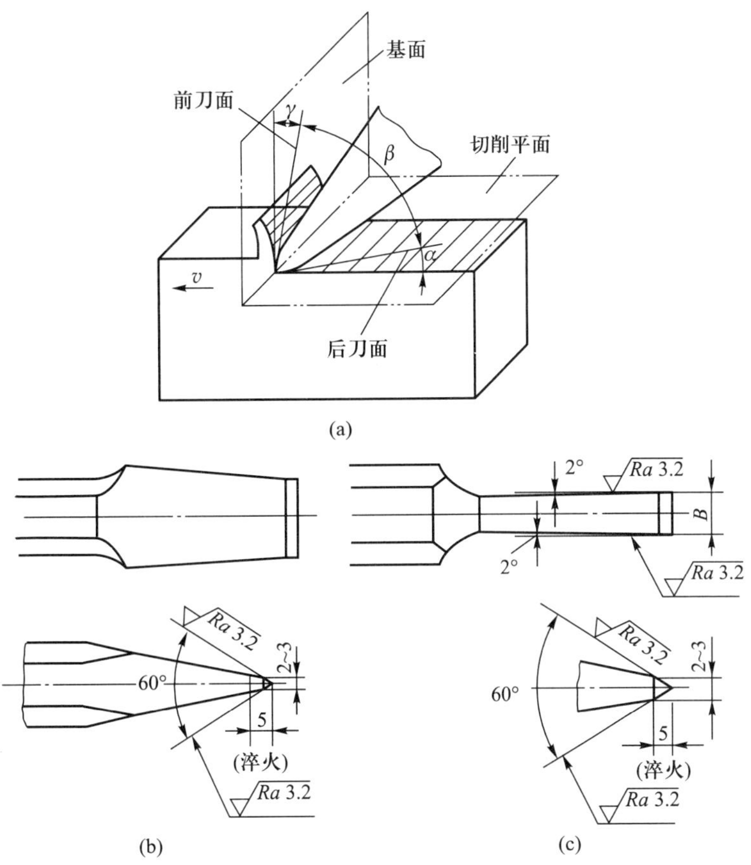

图 3.1.7　錾子的几何角度

(a)几何角度定义;(b)平錾的几何角度;(c)槽錾的几何角度

(4) 錾子的制造材料

錾子是錾削工件的工具,常用碳素工具钢(T7A 或 T8A),经锻打成型后再进行刃磨和热处理而成。切削部分经热处理后硬度可达到 HRC56~62。

(5) 錾子的刃磨

新的錾子和用钝了的錾子,都要在砂轮机上磨锐,如图 3.1.8 所示。

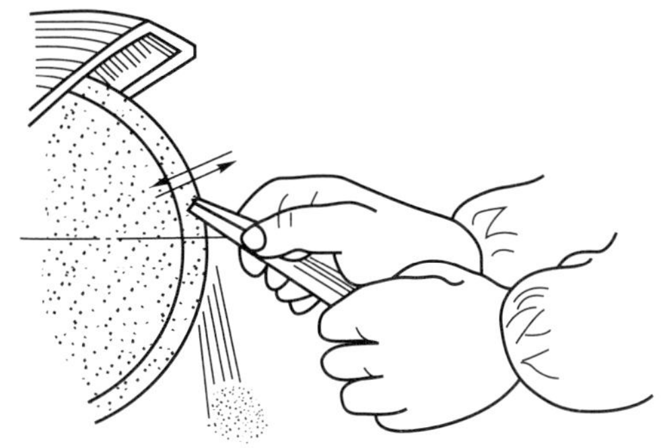

图 3.1.8　砂轮机上刃磨錾子

1）錾子的刃磨方法　刃磨錾子时，双手握持錾子，一手在上，一手在下，使刃口向上倾斜于正在旋转的砂轮轮缘上，并沿砂轮轴心线方向来回平稳地移动，刃磨时压在錾子上的力不能过大，要控制握錾方向、位置，以保证磨出所要的楔角。为了保持刃口硬度，刃磨时要经常蘸水冷却，以防止刃口高温退火。

2）刃磨錾子的注意事项：

① 要按正确的形状刃磨，并使刃口锋利。为此，要求錾子两刃面与中心平面的夹角相等，两刃面的宽窄相等且平整光滑，刃口要平直。

② 刃磨时，必须使削刃高于砂轮水平中心线，在砂轮全宽上作左右移动，并要控制錾子的方向、位置，保证磨出所需的楔角值。

③ 刃磨时，加在錾子上的压力不宜过大，左右移动要平稳、均匀，并要经常蘸水冷却，以防退火。不可用棉纱裹住錾子进行刃磨，以免产生事故。

2. 手锤

手锤是钳工常用的敲击工具。

（1）手锤的结构组成

它主要由木柄、锤头和楔子组成，如图 3.1.9 所示。

图 3.1.9　手锤

（2）手锤的规格

手锤的规格是以锤头的质量（重量）表示，常用的有 0.25 kg、0.5 kg、1 kg 等。

（3）手锤的材料

锤头常用碳素工具钢 T7 钢制成，并且经过淬火热处理淬硬。手柄采用比较坚韧的优质木材制成；常用 1 kg 锤的手柄长度为 350 mm。木柄装入锤头孔后，用金属楔子楔紧，以防止锤头脱落。

3.1.3　錾削的任务及要求

本项目的任务和要求如下：

1）领会錾削过程，包括：起錾、錾削和錾出。

2）掌握錾削操作方法和要领。

3）掌握平面錾削的操作方法和要领。

4）掌握錾切薄板的操作方法和要领。

【讲解与示范】

实训指导师傅给学生讲解与展示錾削操作工具：錾子、手锤的结构、用途和使用注意事项，刃磨錾子的方法和要领。

【学生动手操作】

学生在实训指导师傅的指导下,观察了解錾子、手锤的结构、用途,动手刃磨錾子。

任务二　錾削平面训练及其考核

【任务目标】

1. 明确平面錾削任务和要求。
2. 掌握平面錾削操作方法、步骤和要领;特别是錾削姿势。

【相关知识】

3.2.1　平面錾削的任务及要求

錾削如图 3.2.1 所示用于手锤制作的棒料的上平面,要求保证尺寸、錾削平整,时间 60 min。

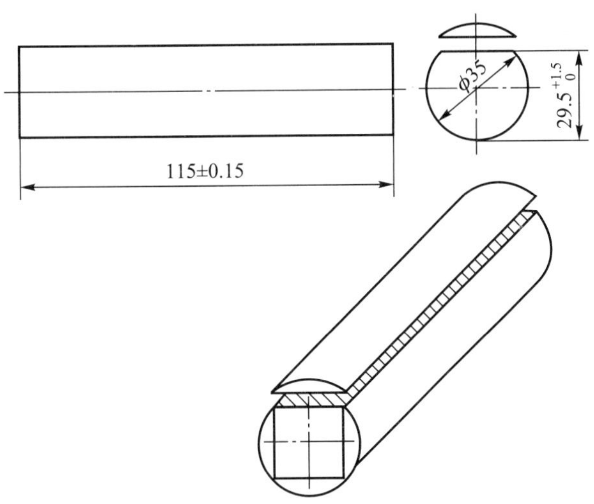

图 3.2.1　錾削棒料的上平面

通过錾削,应当掌握錾削姿势(主要包括平錾、手锤的握法,锤击动作),并且使錾削的姿势、动作正确、协调、自然。

3.2.2　平面錾削操作方法、操作步骤和要领

1. 准备工作

(1) 工件准备

工件准备见表 3.2.1。

表 3.2.1　棒料平面錾削准备明细

实训件名称	材料	工件材料来源及规格	下道工序	数量
削棒料平面	45	项目二　任务二中立体划线	项目四　任务二中锯削平面	1 件/人

（2）工具、刃具、量具、辅具准备

游标卡尺（0.05 mm、0~150 mm）、平錾（已刃磨好）、1 kg 手锤。

2. 图样分析

根据图 3.2.1 所示棒料，需要按划线位置錾削棒料的上表面，由于加工精度较低，所以采用錾削可以满足加工要求。

3. 操作步骤

（1）根据图 3.2.1 所示棒料图样，选取已刃磨好的平錾和 1 kg 手锤。

（2）按划线位置在虎钳上找正和夹紧工件。

（3）錾削姿势。主要包括手锤、平錾的握法，锤击动作。

1）手锤的握法。手锤的握法有紧握法和松握法。

① 紧握法　如图 3.2.2 所示，紧握法用右手五指紧握锤柄，大拇指合在食指上，虎口对准锤头方向（木柄椭圆的长轴方向），木柄尾端露出约 15~30 mm。在挥锤和锤击过程中，五指始终紧握。

② 松握法　如图 3.2.3 所示，松握法只用大拇指和食指始终握紧锤柄，在挥锤时，小指、无名指、中指则依次放松；在锤击时，又以相反的次序收拢握紧。这种握法的优点是手不易疲劳，且锤击力大。

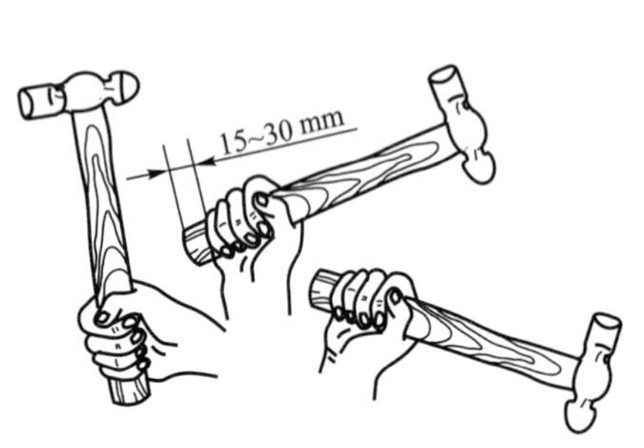

图 3.2.2　手锤的紧握法

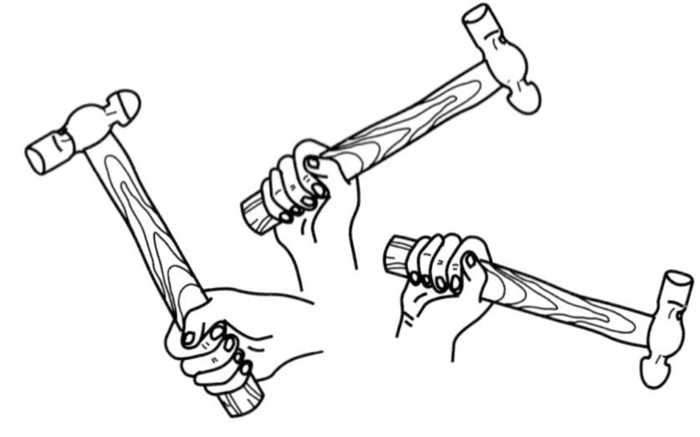

图 3.2.3　手锤的松握法

2）錾子的握法。錾子的握法有正握法、反握法和立握法三种。

① 正握法　如图 3.2.4a 所示，常用于正面錾削、大面积强力錾削等场合。

② 反握法　如图 3.2.4b 所示，常用于侧面錾切、剔毛刺及使用较短小的錾子时的场合。

③ 立握法　手心正对胸前，拇指和其他四指骨节自然捏住錾子。常用于在铁砧上錾断材料时的场合。

3）錾削站立姿势。錾削站立时，两脚呈外八字形，与虎钳的角度如图 3.2.5 所示。

4）挥锤方法。挥锤方法有腕挥、肘挥和臂挥三种方法。

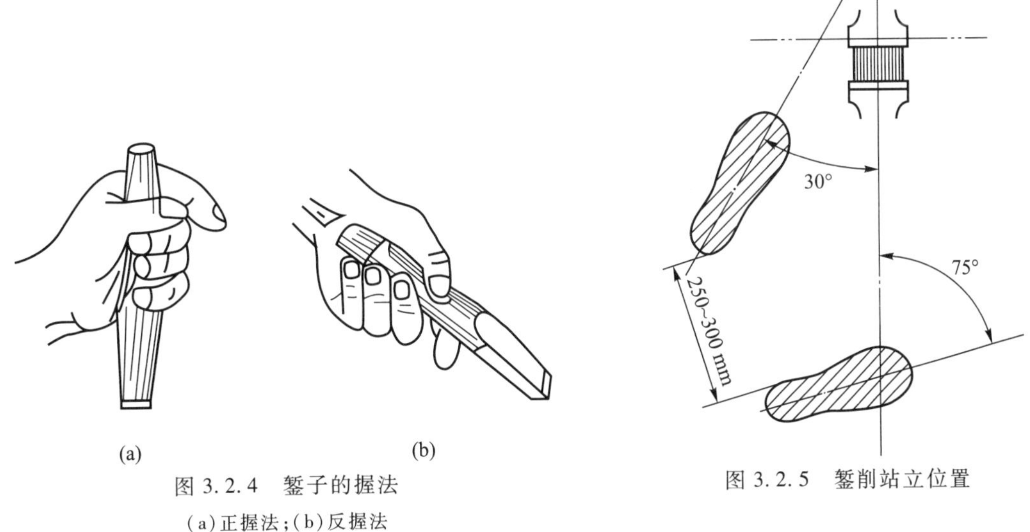

图 3.2.4　錾子的握法
(a)正握法;(b)反握法

图 3.2.5　錾削站立位置

① 腕挥　如图 3.2.6 所示,腕挥仅用手腕的动作进行锤击运动,采用紧握法握锤。一般用于錾削余量较小或錾削开始或结尾。在油槽錾削中采用腕挥法锤击,锤击力量均匀,使錾出的油槽深浅一致,槽面光滑。

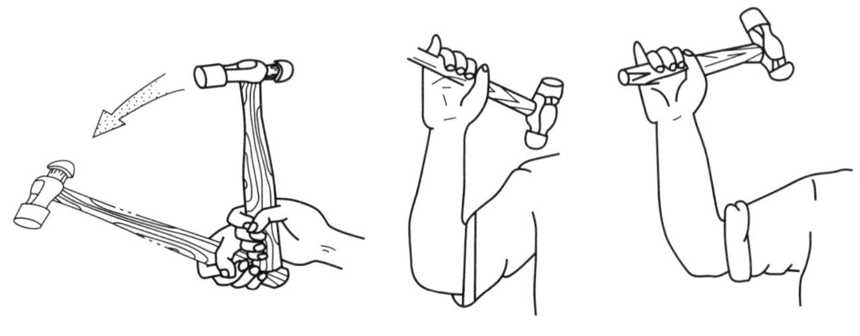

图 3.2.6　腕挥

② 肘挥　如图 3.2.7 所示,肘挥是手腕与肘部一起挥动作锤击运动,采用松握法握锤,因挥动幅度较大,故锤击力也较大,这种方法应用最多。

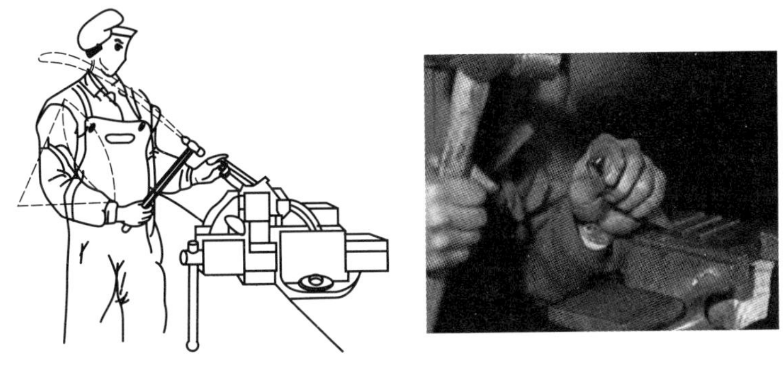

图 3.2.7　肘挥

③ 臂挥　如图 3.2.8 所示，臂挥是用手腕、肘和全臂一起挥动，其锤击力最大，多用于强力錾切。

图 3.2.8　臂挥

5）挥锤要求。挥锤要求挥锤要求是：准、稳、狠。准就是命中率要高；稳就是速度节奏为 40 次/min；狠就是锤击要有力。

6）锤击的速度。錾削时的锤击要稳、准、狠，其动作要一下一下有节奏地进行，一般在肘挥时约 40 次/min 左右，腕挥时约 50 次/min 左右。

7）锤击要领。

① 挥锤时做到肘收臂提，举锤过肩；手腕后弓，三指微松；锤面朝天，稍停瞬间。

② 锤击时做到目视錾刃，臂肘齐下；收紧三指，手腕加劲；锤錾一线，锤走弧形；左脚着力，右腿伸直。手锤敲下去应有加速度，可增加锤击的力量。

（4）錾削平面的操作要领。錾削平面一般用扁錾进行，每次錾削余量大约 0.5～2 mm。在錾削平面时，要掌握好起錾、錾削和錾出三个阶段的操作要领，如图 3.2.9 所示。

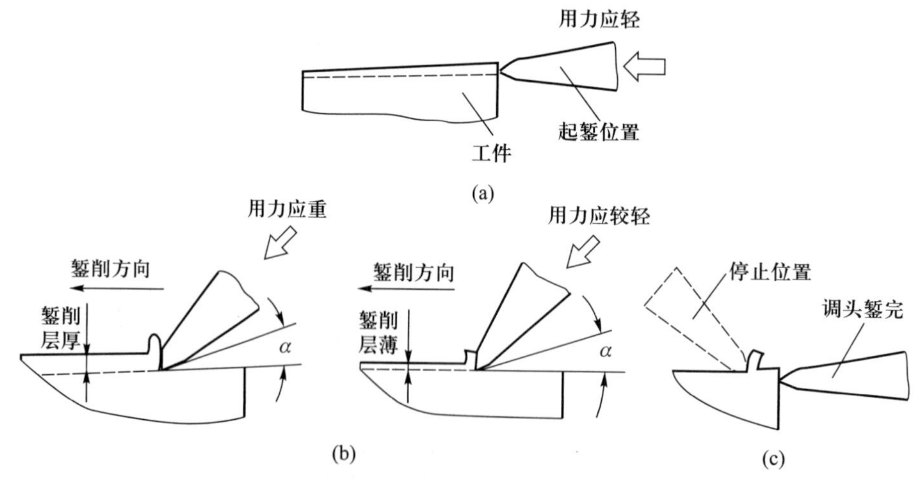

图 3.2.9　錾削方法

（a）起錾；（b）錾削（包括粗錾和细錾）；（c）錾出

① 起錾　起錾时,应从工件边缘尖角处着手(錾槽除外),切削刃靠近錾削部位后,握平錾子使其基本与工件端面垂直,轻击錾子,以便切入。

② 錾削　錾削时,要保持錾子的正确位置和前进方向,并且控制好后角的大小和锤击力的均匀。锤击数次后,将錾子退出一下,观察加工情况,也给錾子刃口散热。

③ 錾出　錾出即錾削快到尽头(离尽头 10 mm 左右)时,应调头錾去余下部分,以免工件边缘崩裂,尤其是錾削铸铁、青铜等脆性材料时更要注意。

(5) 粗、细錾削棒料的上表面。

① 起錾方法　錾削时起錾方法有斜角起錾法和正面起錾法,如图 3.2.10 所示。錾削平面时采用斜角起錾法;錾削槽时则必须采用正面起錾法。

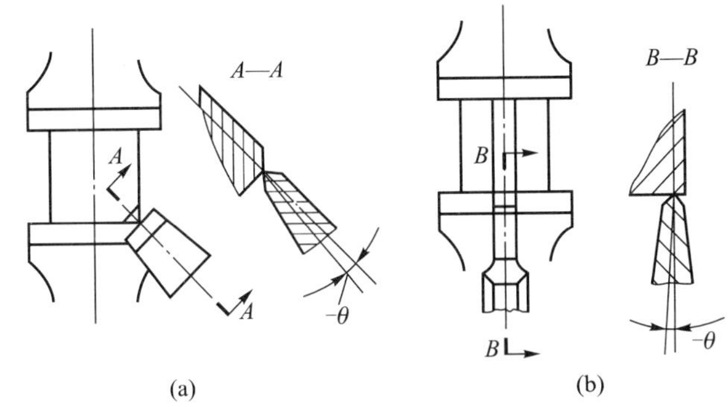

图 3.2.10　錾削时的起錾方法

(a)斜角起錾法;(b)正面起錾法

② 錾削动作　錾削时的切削角度,后角 $\alpha_0=5°\sim8°$,如图 3.2.11 所示。

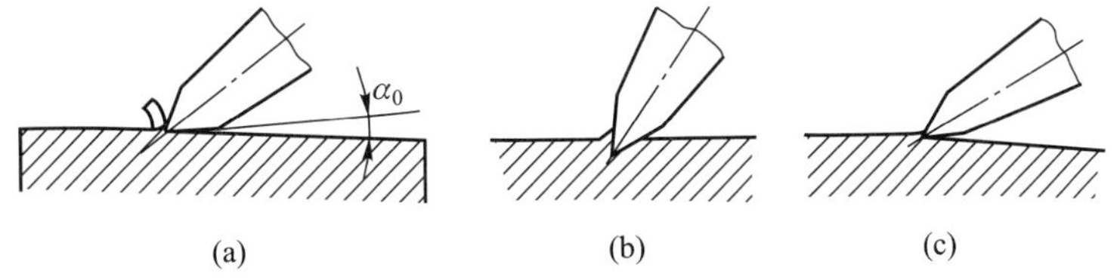

图 3.2.11　錾削平面时后角及其对錾削的影响

(a)正确;(b)后角过大;(c)后角过小

在錾削过程中,一般每錾削两三次,则可将錾子退回一些,作一次短暂停顿后,再继续錾削。这样不仅便于观察錾削表面的平整情况,而且有利于手臂肌肉有节奏地得到放松。

③ 平面尾端部分的錾法　当錾削平面接近尾端 10~15 mm 时,必须调头錾削余下的部分,如图 3.2.12 所示。

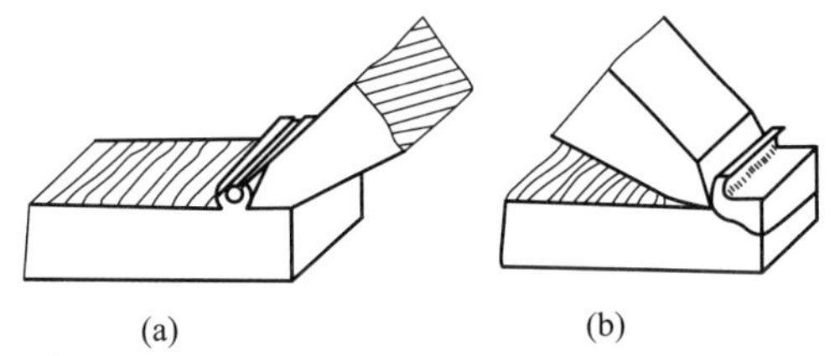

图 3.2.12　平面尾端部分的錾法

(a)正确;(b)错误(錾脆材时崩裂)

(6) 复检錾削平面质量,包括尺寸、平整度,如果超差,则作必要的修整。

4. 平面錾削操作注意事项

1）工件在台虎钳上必须找正夹紧，伸出高度一般以离钳口 10~15 mm 为宜；同时下面要垫木垫。

2）錾削前，要仔细检查手锤木柄是否松动或者损坏，如果发现是，则立即安装牢固或者更换；此外，要避免木柄沾油，以免锤击时滑落伤人。

3）将錾子自然握正、握紧，其倾斜角度保持在 35°左右。

4）錾削时，视线要对着工件錾削部位，不能对着錾子的锤击头部，挥锤要稳健有力；同时要掌握和控制好手的运动轨迹及其位置，以保证锤击落点准确。

5）錾削时，要防止錾子在錾削中滑落，为此，錾子用钝后必须及时刃磨锋利，并且保证正确的楔角。此外，錾子头部如果有明显的毛刺时，则应及时磨去。

6）錾削中的錾屑要用刷子刷掉，不得用嘴吹或者用手擦，以免伤人。

【讲解与示范】

实训指导师傅给学生讲解与示范平面錾削操作方法和要领。

【学生动手操作】

学生在实训指导师傅的指导下，动手进行平面錾削操作，并且从中领会操作方法和要领。

任务三 錾切薄板训练及其考核

【任务目标】

采用手锤和錾子錾切薄板，达到规定要求；通过錾切薄板，掌握其操作方法和要领。

【任务实施】

3.3.1 薄板錾切任务及要求

錾切如图 3.3.1 所示用于制作小锤检测样板坯料的薄板件，形状尺寸达到规定要求，工时 30 min。

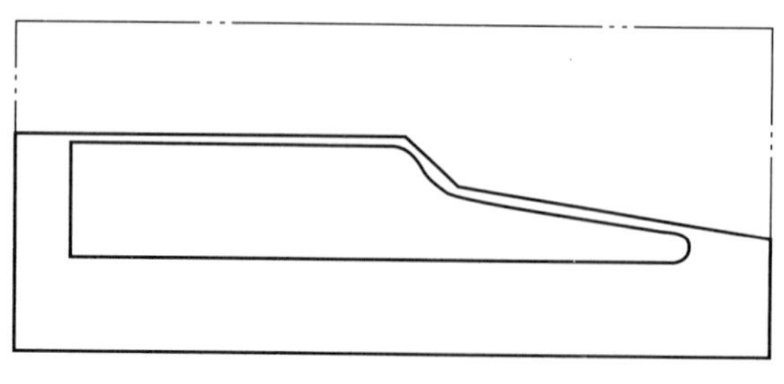

(a)

(b)

图 3.3.1 錾削小锤检测样板坯料的薄板件

(a)小锤检测样板坯料；(b)小锤实物

【讲解与示范】

实训指导师傅给学生讲解与示范薄板件錾切的方法、步骤和操作要领。

3.3.2　实训步骤

1. 准备工作

(1) 工件准备

工件准备见表 3.3.1。

表 3.3.1　薄板件錾削准备明细

实训件名称	材料	工件材料来源及规格	下道工序	数量
薄板件	Q235-A	项目二　任务二中平面划线	项目四　任务二中锯削薄板	1 件/人

(2) 工具、刃具、量具、辅具准备

钢直尺、划针、游标卡尺(0.05 mm、0~150 mm)、平錾(已刃磨好)、1 kg 手锤。

2. 图样分析

根据图 3.3.1 所示可知,需要按划线位置錾削薄板轮廓,由于加工精度较低,所以采用錾削可以满足加工要求。

3. 操作步骤

(1) 工具选取

根据图 3.3.1 所示薄板图样,选取已刃磨好的平錾和 1 kg 手锤。

(2) 划线操作

采用钢直尺和划针,在薄板上划出距原来划线位置约 2 mm 的錾切线。

(3) 工件装夹

将工件放入虎钳钳口找正和夹紧,要求工件夹紧可靠,錾切线与钳口平齐。对于 2 mm 以下的薄板,可以夹在虎钳上錾切,如图 3.3.2a 所示。

(4) 錾切操作

① 錾切直线段　按已划出的錾切线,在虎钳上錾切薄板。錾切时,板料按錾切线夹紧与钳口平齐,用平錾沿着钳口与板料约成 45°方向自右向左錾切,如图 3.3.2b 所示。

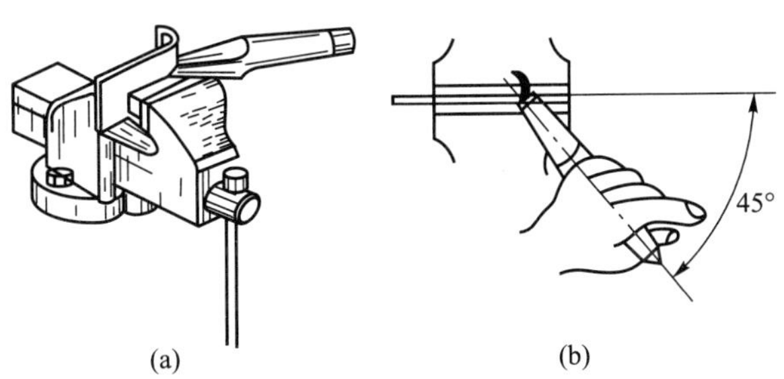

图 3.3.2　虎钳上錾切薄板件

② 錾切斜线或者曲线段　将板件取下，在铁砧上錾切斜线或者曲线段。对于尺寸较大或者有的曲线段而不能在虎钳上錾切时，可在铁砧上錾切，如图 3.3.3 所示。此时，切断用的錾子应当刃磨出适当的弧形，以保证錾痕整齐；如果采用平刃錾，则錾痕容易错位，如图 3.3.4a、b 所示。当用平刃錾錾切直线段时，錾子的宽度可以宽一些；錾切曲线段时，可以根据曲率半径大小而定，但要使錾痕与曲线基本一致。在錾切时，要由前排向后排錾切；开始錾切时，先将錾子放斜一些似剪切状，后逐步放垂直，这样依次錾切，如图 3.3.4c、d 所示。

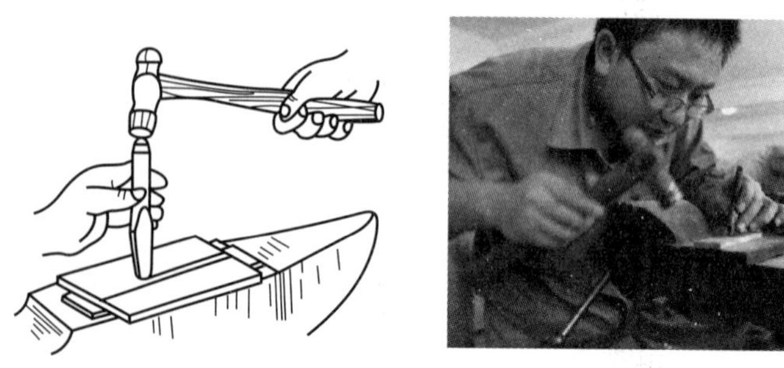

图 3.3.3　在铁砧上錾切薄板件

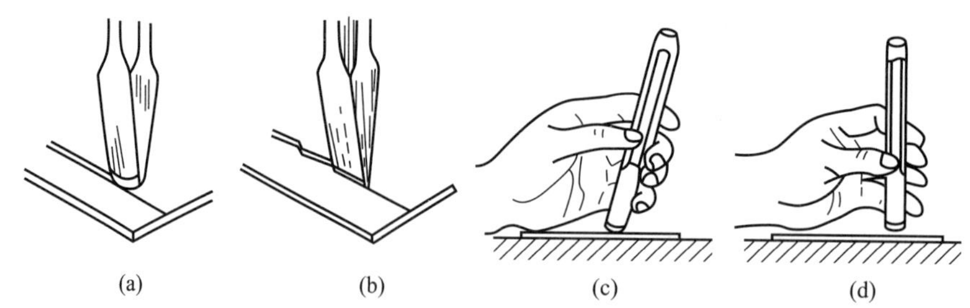

图 3.3.4　在铁砧上錾切薄板件的方法

(a)弧形刃錾切錾痕整齐；(b)平刃錾切錾痕容易错位；(c)先倾斜錾切；(d) 后垂直錾切

(5) 质量检验

复检錾切薄板件的质量，包括尺寸、錾痕等，如果未达到要求，则作必要的修整。

【学生动手操作】

学生在实训指导师傅的指导下，动手进行平面錾削操作，并且从中领会操作方法和要领。

项目四　锯 削 实 训

任务一　锯削实训入门指导

【任务目标】

1. 了解锯削的概念、作用。
2. 了解锯削工器具的种类、结构和用途;懂得其使用方法。
3. 明确锯削的任务和要求。

【相关知识】

4.1.1　锯削的概念及作用

1. 锯削的概念

用手锯把材料或工件进行切断或切槽的加工方法称为锯削,如图 4.1.1 所示。

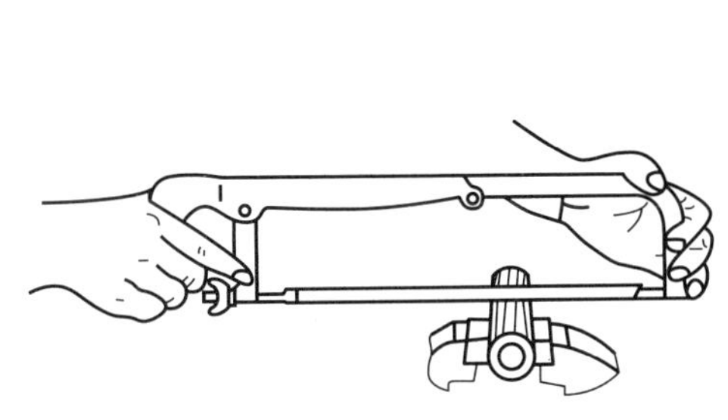

图 4.1.1　手工锯削的概念

2. 锯削的应用及特点

(1) 应用

锯断各种原材料或半成品;锯掉工件上多余部分;在工件上锯槽。手工锯割主要用于薄板直线形,并且切口比较短的零件下料。例如:管子、型钢、圆钢等的下料。如图 4.1.2 所示。

(2) 特点

由于手工锯割是依靠装在锯弓上的锯条来回锯削运动而达到切断的目的,因此,在锯削过程中排屑及时,切割效果比较好。切口的切割质量主要取决于操作者的锯割水平。

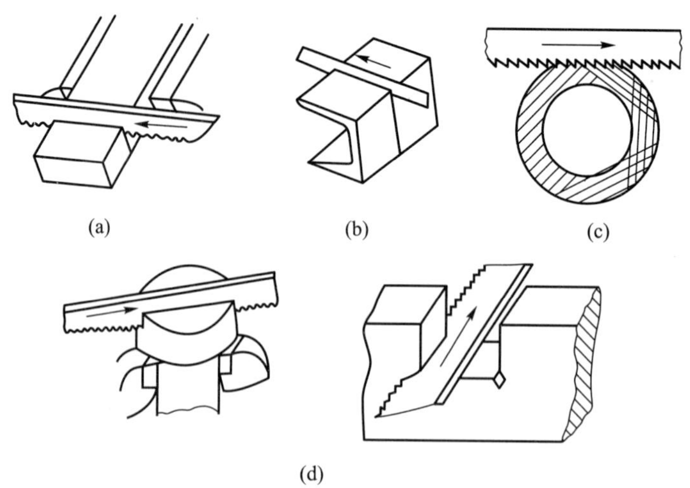

图 4.1.2 手工锯削的应用实例
(a)锯扁钢;(b)锯槽钢;(c)锯管子;(d) 锯槽

4.1.2 锯削的工器具

锯削的工器具主要是手工锯。手工锯又称为钢锯,是一种手工操作的切割工具,它主要由锯弓和锯条组成。

1. 锯弓

(1) 锯弓的作用

锯弓是用来安装并张紧锯条的弓架,它是钢锯的主要组成部分之一。

(2) 分类

锯弓可分为可调式和固定式两种,其结构、形状如图 4.1.3 所示。

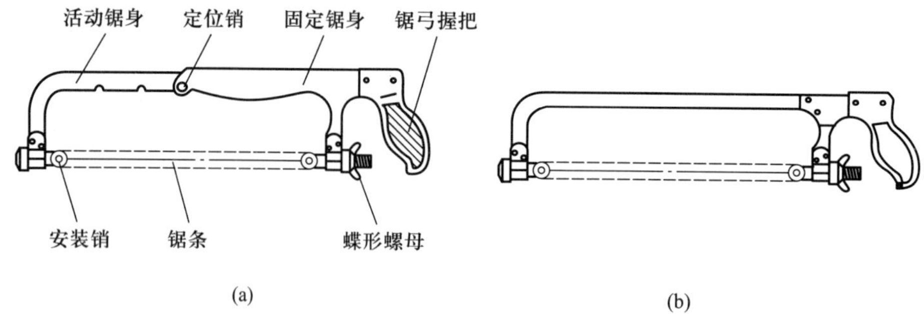

图 4.1.3 钢锯(手工锯)结构类型
(a)可调式锯弓;(b)固定式锯弓

2. 锯条

锯条是钢锯的主要组成部分,锯削时起切削作用,其结构、形状如图 4.1.4 所示。下面将其材料及热处理、规格、分类和选用等知识加以介绍。

(1) 锯条的材料及热处理

锯条一般采用渗碳钢冷轧而成,有的也采用碳素工具钢或合金钢制造,需要采用淬火热处理,以提高其硬度和耐磨性。

(2) 锯条的规格

锯条的长度规格是以其两端安装孔的中心距来表示的,其长度规格一般是 150~400 mm,钳工常用的锯条长度是 300 mm。

(3) 锯条的分类

按照锯条齿的粗、细分类,可分为粗齿、中齿和细齿。

锯齿的粗细是按锯条上每 25 mm 长度内齿数表示的。少产 14 齿为粗齿,14~22 齿为中齿,多于 22 齿为细齿。锯齿的粗细也可按齿距 t 的大小来划分:粗齿的齿距 $t=1.6$ mm,中齿的齿距 $t=1.2$ mm,细齿的齿距 $t=0.8$ mm。

① 粗齿锯条　是指每 25 mm 有<14 个齿的锯条。

② 中齿锯条　是指每 25 mm 有 14~22 个齿的锯条。

③ 细齿锯条　是指每 25 mm 有>22 个齿的锯条。

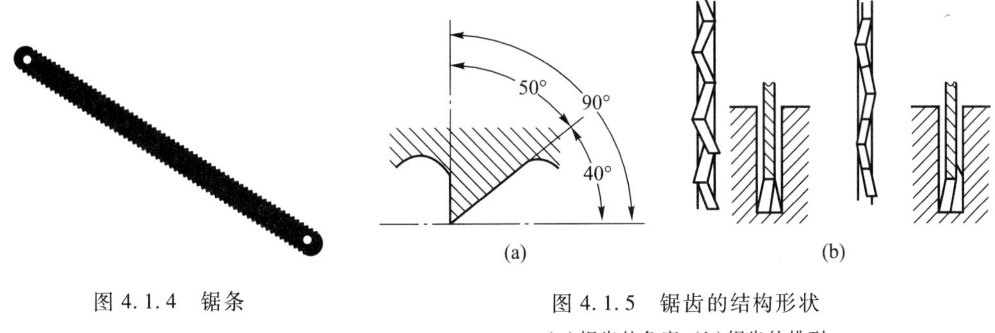

图 4.1.4　锯条

图 4.1.5　锯齿的结构形状

(a) 锯齿的角度;(b) 锯齿的排列

锯条的锯齿按一定形状左右错开,排列成一定形状,称为锯路。锯路有交叉、波浪等不同排列形状。锯路的作用是使锯缝宽度大于锯条背部的厚度,防止锯割时锯条卡在锯缝中,并减少锯条与锯缝的摩擦阻力,使排屑顺利,锯割省力,锯齿的排列如图 4.1.5 所示。

锯齿的切削角度:楔角(β_0)= 50°,后角(α_0)= 40°,前角(γ_0)= 0°,如图 4.1.6 所示。相当于排列整齐的一排錾子。

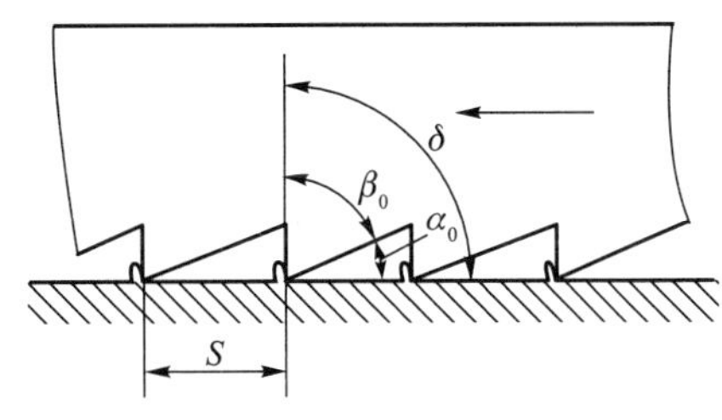

图 4.1.6　锯齿的切削角度

（4）锯条的选用

锯条的选用原则是：根据被加工工件尺寸精度、表面粗糙度、大小、材质选用锯条。

锯条的实际选用可参考表 4.1.1。

表 4.1.1 锯条的实际选用

分类	齿距/mm	齿数/25 mm	适用场合
粗齿	>1.8	<14	适合锯铝、铜、低碳钢
中齿	1.1~1.8	14~22	适合锯厚臂钢管、铜管、中碳钢
细齿	<1.1	>22	适合锯薄板、薄臂管

4.1.3 锯削的任务和要求

本项目主要进行锯板材、管材、棒料实训。根据实训专业特点与时间安排，重点掌握板材（薄板）的锯削方法、操作步骤和操作要领。

【讲解与示范】

实训指导师傅给学生讲解与示范锯弓和锯条的结构及使用方法。

【学生动手操作】

学生在实训指导师傅的指导下，观察锯弓和锯条的结构，动手进行锯的调整。

任务二 锯削平面操作训练及其考核

【任务目标】

1. 掌握手工锯削的操作要领及操作注意事项。
2. 掌握平面的锯削方法和操作要领。
3. 懂得锯削安全知识。
4. 懂得锯削废品的原因。

【相关知识】

4.2.1 任务与要求

锯削如图 4.2.1 所示用于手锤制作的棒料的三个平面，要求保证尺寸、锯削平整，时间 60 min。

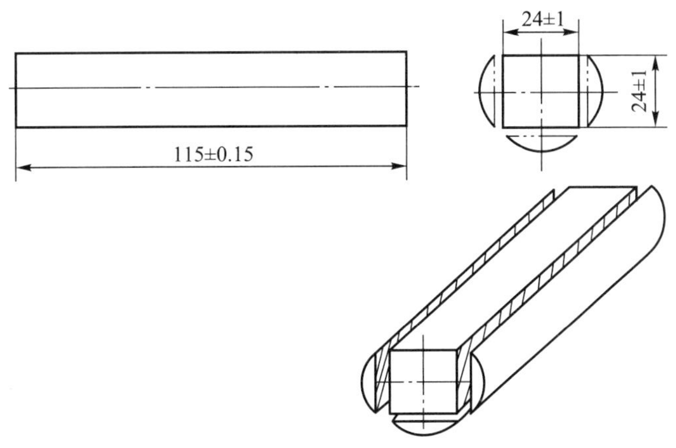

图 4.2.1　起锯方法

4.2.2　手工锯削的操作步骤及要领

1. 锯条的安装方法

安装锯条时锯齿必须向前,如图 4.2.2 所示;同时锯条不能过紧或过松,如果过紧,锯条易断,如果过松,则使不上力。当锯条超过锯弓高度时,应将锯条或锯弓调成 90°。锯条的安装总的说来应注意以下三点,即:

1) 齿尖朝前,如图 4.2.2a 所示。

2) 调整好锯条松紧,松紧适中。装得过松锯条不走直线,装得过紧锯条容易折断。

3) 锯条无扭曲。

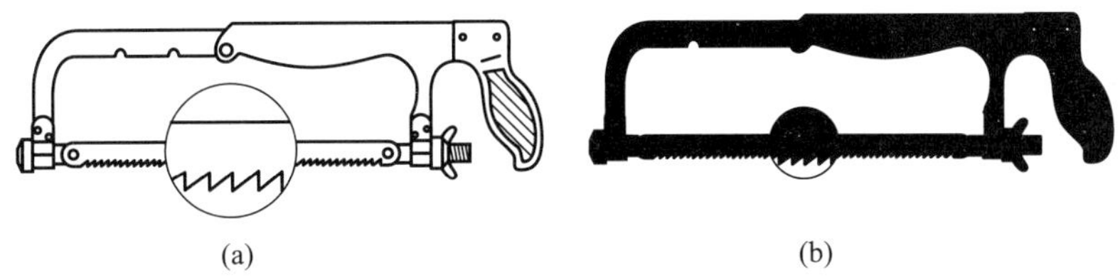

图 4.2.2　锯条的安装

(a)安装正确;(b)安装错误

2. 工件夹持

工件夹持在台钳左侧,伸出钳口不应过长,使锯缝离钳口侧面约 20 mm 左右,保持与钳口侧面平行,如图 4.2.3 所示。锯割前,被夹持的工件伸出钳口部分要短,对于较小的工件在夹牢时要防止变形,对于较大的工件如果不能夹持时,则必须放置稳妥再锯割。此外,在锯割前首先在原材料或工件上划出锯割线。划线时应考虑锯割后的加工余量。

3. 手锯的握法

右手握住锯柄,左手握住锯弓的前端,并且身体稍向前倾斜,利用身体的前后摆动,带动手锯前后运动,如图 4.2.4 所示。

4. 站立姿势

站立位置和身体摆动姿势与锉削相似,如图 4.2.5 所示。

图 4.2.3　工件的安装

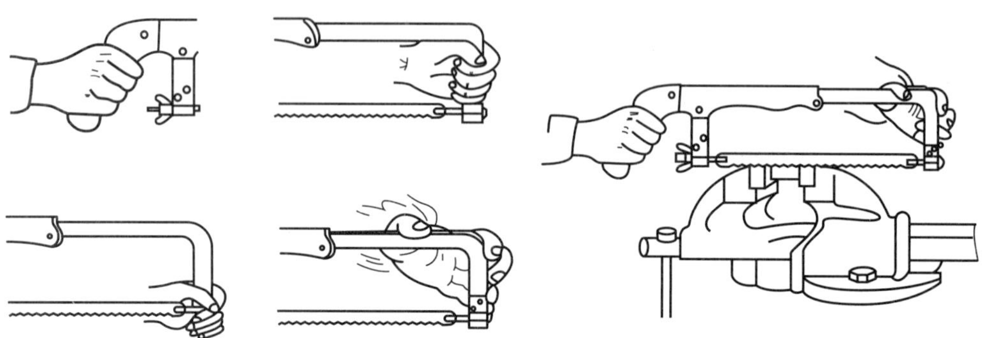

图 4.2.4　手锯的握法

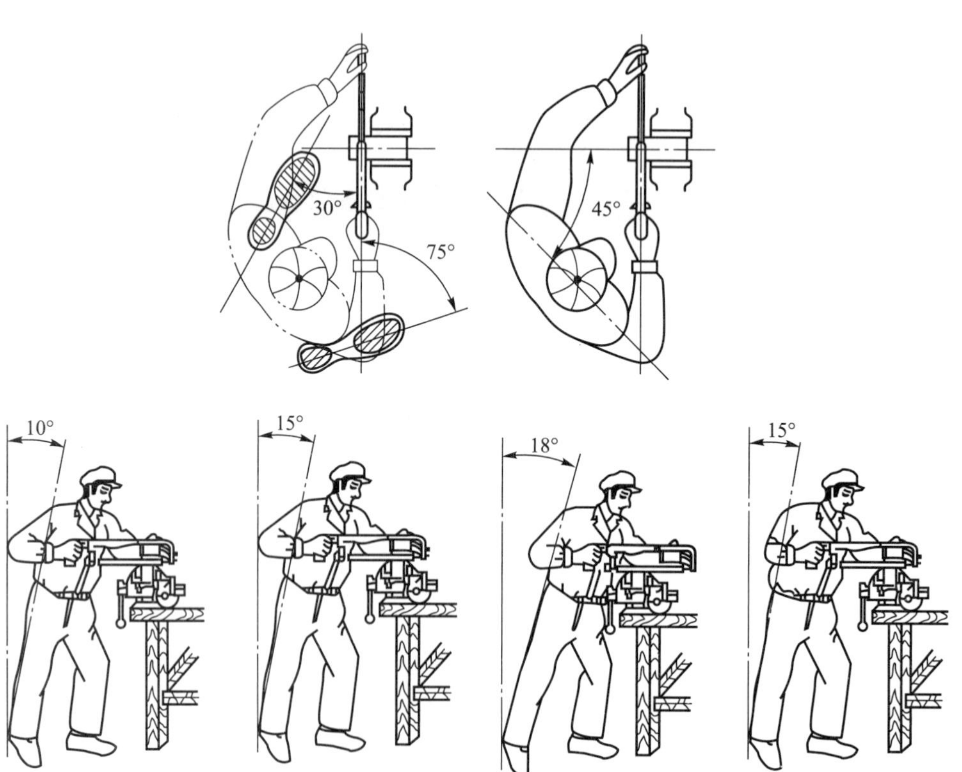

图 4.2.5　手工锯时的站立姿势

5. 锯削方法

1）起锯　起锯时，利用锯条的前端（远起锯）或后端（近起锯），靠在一个面的棱边上起锯。此时锯条垂直于工件加工表面，并以左手拇指靠稳锯条，使锯条落在所需要的位置上，右手稳推锯柄，锯条与工件表面倾斜角约为 15°左右，最少要有三个齿同时接触工件，如图 4.2.6 所示。此外，起锯时来回推拉距离要短，压力要轻，这样，才能尺寸准确，锯齿容易吃进。后起锯主要用于薄板。

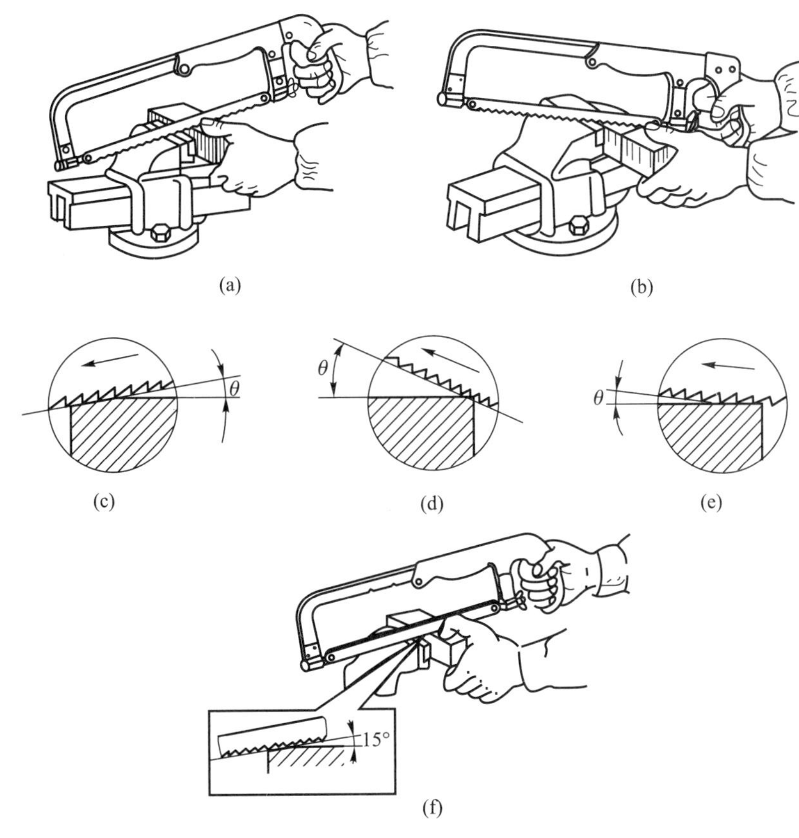

图 4.2.6　起锯方法

(a)远起锯；(b)近起锯；(c)起锯角合适；(d) 起锯角太大；(e) 起锯角太小；(f) 左手拇指挡住锯条起锯

2）锯割　推锯时，锯齿起切削作用，给以适当压力；向回拉时，不切削，应将锯稍微提起，减少对锯齿的磨损。锯削时应注意推拉频率：对软材料和有色金属材料频率为往复 50～60 次/min，对普通钢材频率为往复 30～40 次/min。

锯割时，要始终使锯条与所划的线重合，这样才能得到理想的锯路和锯缝。如果锯缝有歪斜，应及时纠正，若已歪斜很多，应改从工件锯缝的对面重新起锯。否则很难改直，而且很可能折断锯条；临近锯断时，用力要轻，以免碰伤手臂或折断锯条。

在锯割中，应尽量利用锯条的有效长度。如行程过短，则局部磨损过快，降低锯条的使用寿命，甚至因局部磨损，造成锯锋变窄，锯条被卡住或折断。

3）对于不同材料的锯割，为了得到整齐的锯缝，其锯削方法不同。例如：锯削扁钢时，应在较宽的面下锯；锯削圆管时，不可从上至下一次锯断，而应每锯到圆管内壁后工件向推锯方向转一定角度再继续锯削；锯削薄板时用木板夹住薄板两侧或多片重叠锯削。

6. 锯削工件检测

平面锯削完成后，对工件进行检测，达到图样要求。

4.2.3 手工锯削的注意事项

手工锯削是下料时的重要工艺方法，所以在使用中应注意以下事项：

① 应根据所加工材料的硬度和厚度去正确地选用锯条；锯条安装的松紧要适度，根据手感应随时调整。

② 被锯割的工件要夹紧，锯割中不能有位移和振动；锯割线离工件支承点要近。

③ 锯割时要扶正锯弓，防止歪斜，起锯要平稳，起锯角不应超过 15°，角度过大时，锯齿易被工件卡夹。

④ 锯割时，向前推锯时双手要适当地加力；向后退锯时，应将手锯略微抬起，不要施加压力。用力的大小应根据被割工件的硬度而确定，硬度大的可加力大些，硬度小的可加小些。

⑤ 安装或调换新锯条时，必须注意保证锯条的齿尖方向要朝前；锯割中途调换新条后，应调头锯割，不宜继续沿原锯口锯剖。

⑥ 锯削时间过长时要加冷却液。

⑦ 锯割时，手不要直接和锯条接触。

⑧ 取出锯条时要在运动中往上提；手锯在使用中，锯条折断是造成伤害的主要原因。

⑨ 不要将工件直接锯断，快锯断时应用手扶住，以免砸脚。

4.2.4 手工锯削安全知识

手工锯削时应当注意的安全事项主要有：

1）锯条要装得松紧适当，锯削时不要突然用力过猛，防止锯条折断从锯弓上崩出伤人。

2）工件将锯断时，压力要小，避免压力过大使工件突然断开，并向前冲造成事故。一般工件将锯断时，要用左手扶住工件断开部分，避免掉下砸伤脚。

4.2.5 手工锯削废品分析

手工锯削出现废品的原因主要有：

（1）工件未夹紧，锯削时工件有松动。

（2）锯条装得过紧或过松。

（3）锯削时用力过猛。

（4）强行纠正歪斜的锯缝，或调换新锯条后仍在原锯缝中过猛地锯下。

（5）锯削时锯条成中间局部磨损。

（6）中途停止时，锯弓未从工件中取出而碰断。

4.2.6 锯削深缝的方法

在手工锯削平面的操作中，往往会碰到锯削深度超过锯弓高度的深缝锯削，如图 4.2.7a 所示。当锯弓将要碰到工件表面时,可将锯条转过 90°重新安装,使锯弓转到工件的左侧,如图 4.2.7b 所示;当然也可把锯条锯齿向锯内锯削,如图 4.2.7c 所示。

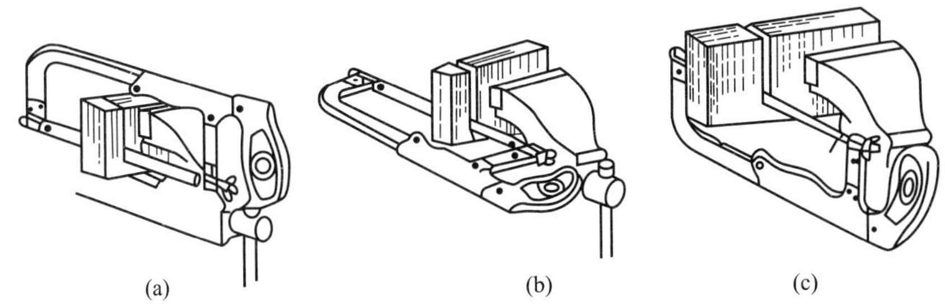

图 4.2.7　锯削平面的操作中深缝的锯削方法

(a)锯削深度超过锯弓高度;(b)使锯弓转到工件的左侧;(c)锯齿向锯内锯削

4.2.7　手工锯削平面操作方法及步骤

根据上述手工锯削操作方法及步骤,锯削如图 4.2.1 所示用于手锤制作的棒料的三个平面的操作方法及步骤如下:

1. 准备工作

(1) 工作准备

工件准备见表 4.2.1。

表 4.2.1　手锤制作的棒料平面锯削准备明细

实训件名称	材料	工件材料来源及规格	下道工序	数量
棒料	45	项目三　任务二中錾削平面	项目五　任务二中锉削平面	1 件/人

(2) 工具、刃具、量具、辅具准备

划针、钢直尺、游标卡尺(0.05 mm、0~150 mm)、手工锯及锯条。

2. 图样分析

根据图 4.2.1 所示可知,需要按划线位置锯削棒料的三个平面,由于加工精度较低,所以采用锯削可以满足加工要求。

3. 操作步骤

(1) 工具选取

根据图 4.2.1 所示棒料图样,选取手工锯及锯条。

(2) 划线操作

采用钢直尺和划针,在棒料上划出三个平面的加工位置线。

(3) 工件装夹

将工件放入虎钳钳口找正和夹紧,要求工件夹紧可靠,平面的加工位置线与钳口垂直。

(4) 锯削操作

按照手工锯削的操作步骤及要领,特别注意手锯的握法、锯削姿势、锯弓运动、锯削速度、起锯、运锯等操作。

当工件快锯断时,左手要抓住工件,右手轻施加压力,慢慢将工件锯断。

(5) 检测工件

尺寸形状应达到图样要求。

【讲解与示范】

实训指导师傅给学生讲解与示范锯削图 4.2.1 所示棒料的三个平面的操作方法和要领。

【学生动手操作】

学生在实训指导师傅的指导下,动手进行锯削图 4.2.1 所示棒料的三个平面的操作练习。

任务三　锯削棒料、管材和薄板操作训练及其考核

【任务目标】

基本掌握棒料、管材、薄板的锯削方法和操作要领。

【任务实施】

4.3.1　锯削棒料

锯削如图 4.3.1 所示用于手锤制作的棒料,要求保证尺寸、锯口平整,单件时间 30 min。

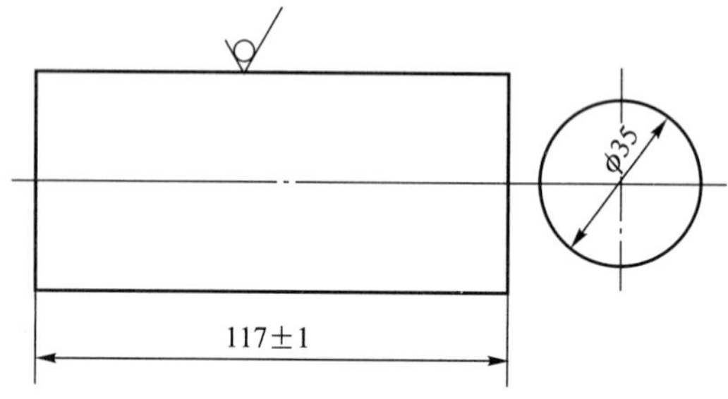

图 4.3.1　棒料锯削图样

1. 准备工作

(1) 工件准备

工件准备见表 4.3.1。

表 4.3.1　手锤制作的棒料锯削准备明细

实训件名称	材料	工件材料来源及规格/mm	下道工序	数量
圆棒料	45	$\Phi35\times240$	为后面班级实训准备	1 件/人

(2) 工具、刃具、量具、辅具准备

钢直尺、手工锯及锯条若干。

2. 图样分析

根据图 4.3.1 所示可知，需要按划线位置锯断棒料，由于加工精度较低，所以采用锯削可以满足加工要求。

3. 操作步骤

(1) 工具选取

根据图 4.3.1 所示棒料图样，选取钢直尺、划针、手工锯及锯条。

(2) 划线操作

采用钢直尺和划针，在棒料上划出锯断位置线。

(3) 工件装夹

将工件放入虎钳钳口，其左端伸出部分较短，要求使工件尽量靠近左边钳口，先使锯口平面的加工位置线与钳口平行，然后夹紧工件，如图 4.3.2 所示。

图 4.3.2　棒料锯削的装夹

(4) 锯削操作

① 锯条安装。先调整锯弓长度，再安装锯条，如图 4.3.3 所示，注意锯齿朝前。

② 起锯。起锯深度在 3 mm 左右，如图 4.3.4 所示。

③ 按照手工锯削的操作步骤及要领，特别注意手锯的握法、锯削姿势、锯弓运动、锯削速度、起锯、运锯等操作。棒料的锯削断面如果要求比较平整，则应从起锯开始连续锯削到结束；如果要求不高，则可改变几次锯削方向，或者使棒料转过一个角度再锯，如图 4.3.5 所示。这样锯削面较窄而容易锯入，可提高棒料的锯削效率。

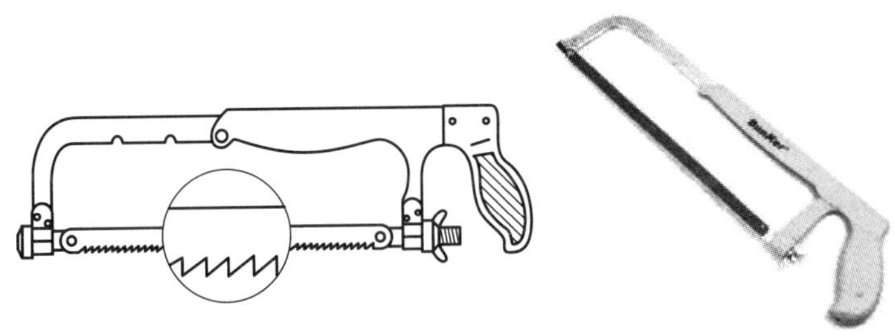

图 4.3.3　锯条的安装

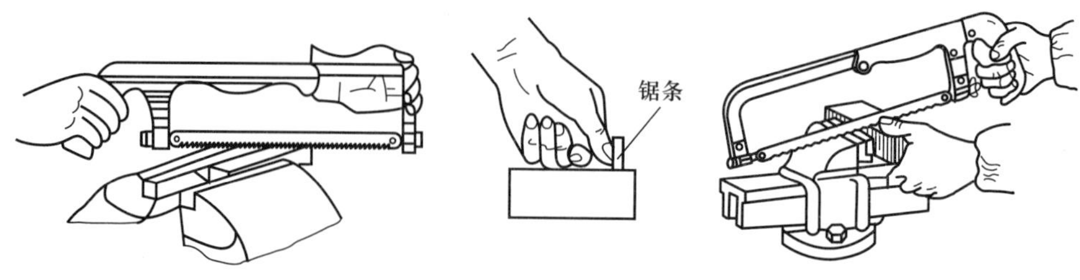

图 4.3.4　锯棒料的起锯方法

图 4.3.5　锯棒料方法

(a)从起锯开始连续锯削到结束;(b)棒料转过一个角度再锯

④ 当棒料快锯断时,左手要抓住工件,右手轻施加压力,慢慢将棒料锯断。

(5) 检测棒料

尺寸形状应达到图样要求。

【讲解与示范】

实训指导师傅给学生讲解与示范锯削棒料的操作方法和要领。特别注意:锯割圆钢时,为了得到整齐的锯缝,应从起锯开始以一个方向锯直到结束。如果对断面要求不高,可逐渐变更起锯方向,以减少抗力,便于切入。

【学生动手操作】

学生在实训指导师傅的指导下,动手进行锯削棒料的操作练习。

4.3.2　锯削圆管

锯削如图 4.3.6 所示圆管,要求保证尺寸、锯口平整,单件时间 30 min。

1. 准备工作

(1) 工件准备

工件准备见表 4.3.2。

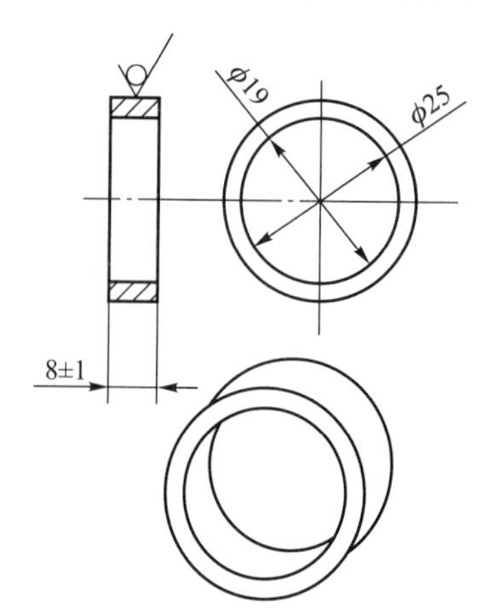

图 4.3.6　圆管锯削图样

表 4.3.2　圆管锯削准备明细

实训件名称	材料	工件材料来源及规格/mm	下道工序	数量
无缝钢管	20	DN20×3×100	用于安装锉刀柄	5 件/人

(2) 工具、刃具、量具、辅具准备

钢直尺、手工锯及锯条若干。

2. 图样分析

根据图 4.3.6 所示可知,需要按划线位置锯断圆管,由于加工精度较低,所以采用锯削可以满足加工要求。

3. 操作步骤

(1) 工具选取

根据图 4.3.6 所示圆管图样,选取钢直尺、划针、手工锯及锯条。

(2) 划线操作

采用钢直尺和划针,在圆管表面上划出锯断位置线。

(3) 工件装夹

对于不重要或者壁较厚的圆管,可将圆管直接放入虎钳钳口,找正夹紧即可,如图 4.3.7 所示;对于表面已加工的圆管,则应垫两个木制的 V 形垫或者紫铜垫,以防止夹伤圆管表面,如图 4.3.8 所示。用两个木制的 V 形垫装夹圆管的方法,如图 4.3.9 所示。

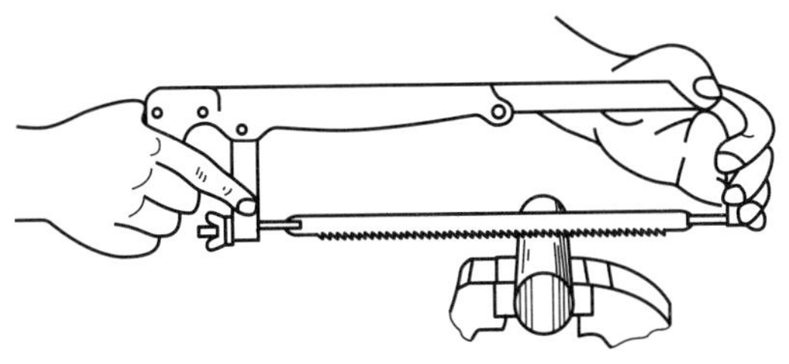

图 4.3.7　圆管直接的装夹

(4) 锯削操作

① 锯条安装。先调整锯弓长度,选择并且安装细齿锯条,注意锯齿朝前。

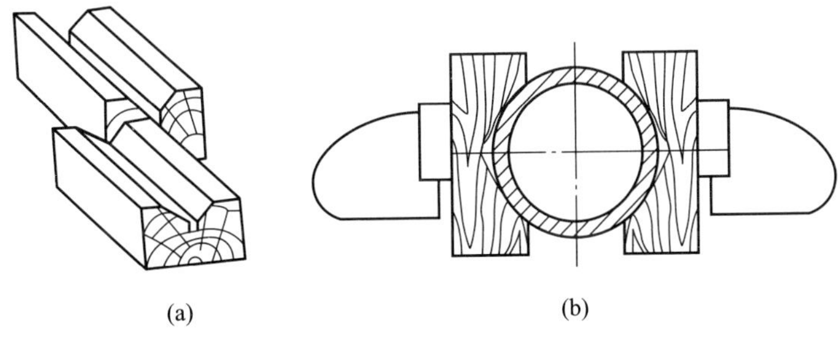

(a)　　(b)

图 4.3.8　采用木制的 V 形垫的圆管装夹

(a) 木制的 V 形垫;(b) 木制的 V 形垫装夹圆管

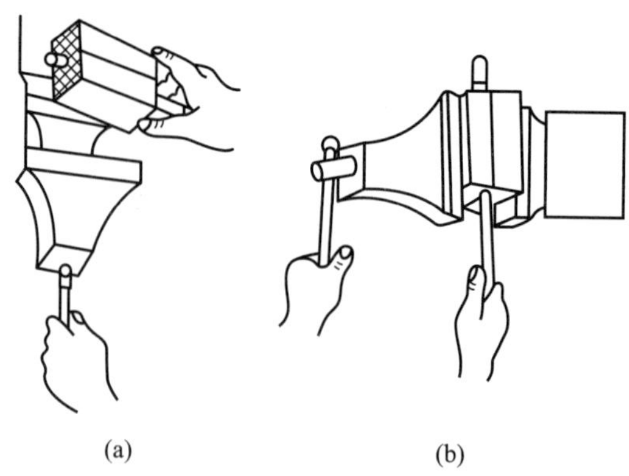

图 4.3.9　用两个木制的 V 形垫装夹圆管的方法
(a)用两个木制的 V 形垫先包好管子;(b)后放入虎钳钳口并且找正夹紧

② 起锯。起锯深度在 3 mm 左右。

③ 锯割圆管时,一般把圆管水平地夹持在虎钳内,对于薄管或精加工过的管子,应夹在木垫之间。锯割管子不宜从一个方向锯到底,应该锯到管子内壁时停止,把管子向推锯方向旋转一些,如图 4.3.10 所示,然后仍按原有锯缝锯下去,这样不断转锯,到锯断为止。

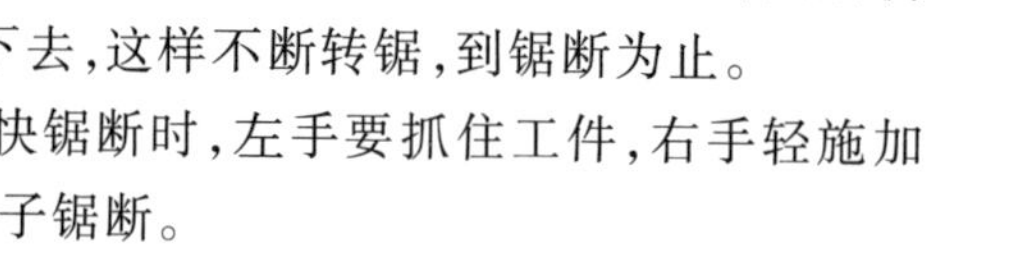

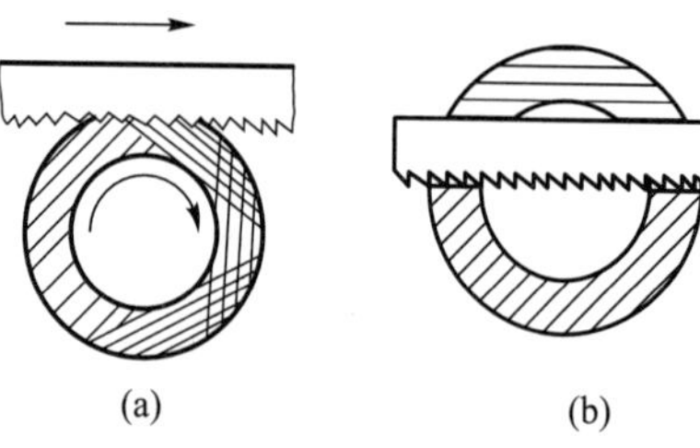

图 4.3.10　管子的转位锯割
(a)转位锯割;(b)不正确的锯割

④ 当管子快锯断时,左手要抓住工件,右手轻施加压力,慢慢将管子锯断。

(5) 检测

去毛刺,检测管子的长度,达到图样要求。

【讲解与示范】

实训指导师傅给学生讲解与示范锯削管子的操作方法和要领。

【学生动手操作】

同学们在实训指导师傅的指导下,动手进行锯削圆管的操作练习。

4.3.3　薄板的锯削方法和操作要领

锯削如图 4.3.11 所示薄板,要求保证尺寸、锯口平整,单件时间 15 min。

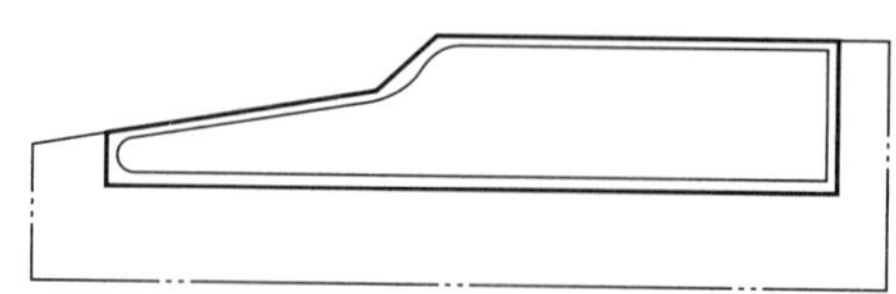

图 4.3.11　薄板锯削图样

1. 准备工作

（1）工作准备

工件准备见表 4.3.3。

表 4.3.3　用于手锤样板制作的薄板锯削准备明细

实训件名称	材料	工件材料来源及规格	下道工序	数量
薄板	Q235-A	项目三　任务二	项目五　任务二	1 件/人

（2）工具、刃具、量具、辅具准备

钢直尺、手工锯及锯条若干。

2. 图样分析

根据图 4.3.10 所示可知，需要按划线位置锯削薄板轮廓，由于加工精度较低，所以采用锯削可以满足加工要求。

3. 操作步骤

（1）工具选取

根据图 4.3.10 所示薄板图样，选取钢直尺、手工锯及锯条。

（2）工件装夹

将薄板直接放入虎钳钳口，按划线找正夹紧即可，如图 4.3.12 所示。

（3）锯削操作

① 锯条安装。先调整锯弓长度，选择并且安装细齿锯条，注意锯齿朝前。

② 起锯。起锯深度在 3 mm 左右，如图 4.3.13 所示。

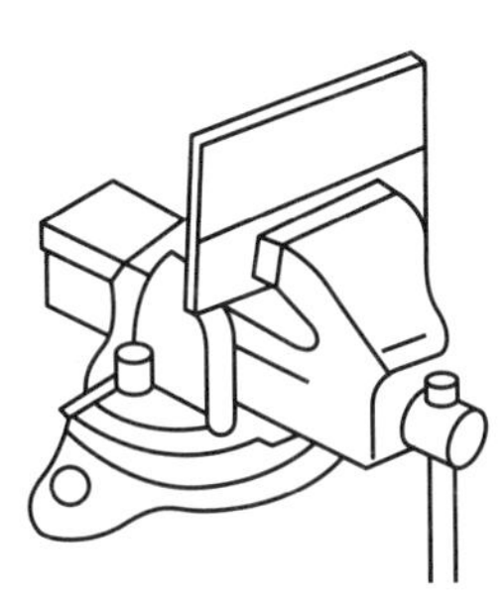

图 4.3.12　薄板的装夹

图 4.3.13　锯薄板的起锯

③ 锯割薄板时，要尽可能从板料较宽的面锯下去，锯条相对于工件的倾斜角度不超过 45°，这样锯齿不易被钩住；同时作横向斜推锯，使锯齿与薄板接触齿数增加，以避免锯齿崩裂，如图 4.3.14a 所示。如果一定要从板料的狭窄面锯下去时，则应该将其夹在两木板之间，连同木板一起锯下去；这样可增加木板的刚度，锯削时不产生颤动，如图 4.3.14b 所示。

④ 当薄板快锯断时，左手要抓住工件，右手轻施加压力，慢慢将管子锯断。

（4）检测

去毛刺，检测管子的长度，达到图样要求。

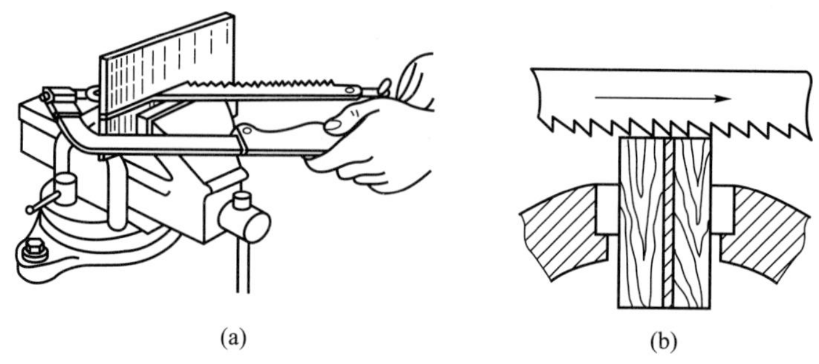

(a)　(b)

图 4.3.14　薄板的锯削方法

(a)从板料较宽的面锯下去;(b)从板料的狭窄面锯下去

【讲解与示范】

实训指导师傅给学生讲解与示范锯削薄板的操作方法和要领。

【学生动手操作】

学生在实训指导师傅的指导下,动手进行锯削薄板的操作练习。

项目五　锉削实训

任务一　锉削实训入门指导

【任务目标】

1. 了解锉削的概念、作用。
2. 了解锉削工器具的种类、结构和用途;懂得其使用方法。
3. 明确锉削的任务和要求。

【相关知识】

5.1.1　锉削的概念及应用

1. 锉削的概念

用锉刀从工件表面锉掉多余的金属,使工件具有图纸上所要求的尺寸、形状和表面粗糙度的加工方法称为锉削,如图 5.1.1 所示。

图 5.1.1　锉削

2. 锉削的应用及特点

(1) 锉削的应用

锉削的应用范围很广,可以锉削平面、曲面、外表面、内孔、沟槽和各种形状复杂的表面。还可以配键、做样板、修整个别零件的几何形状等,如图 5.1.2 所示。

(2) 锉削的特点

锉削精度可以达到 0.01 mm,表面粗糙度可达 $Ra0.8$ μm。锉削是钳工的一项基本操作技能。锉削分为粗锉削和细锉削,是以各种不同的锉刀进行的。

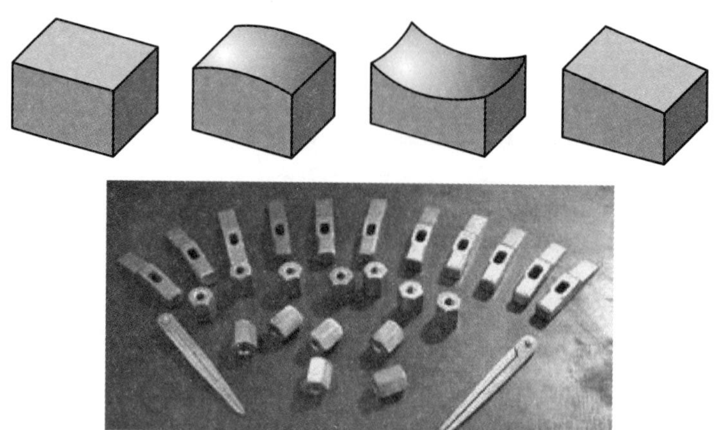

图 5.1.2 锉削的应用

5.1.2 锉削的工器具

锉削的工器具主要是锉刀;其次是检测用的刀口尺、塞尺、90°角尺。这里主要介绍锉刀的结构组成及规格、锉刀的种类及选用、锉刀的保养。

1. 锉刀的结构组成及规格

(1)锉刀的结构组成

锉刀是由碳素工具钢制成并经淬硬处理的一种切削刀具,由手柄、锉刀体组成,如图 5.1.3 所示。

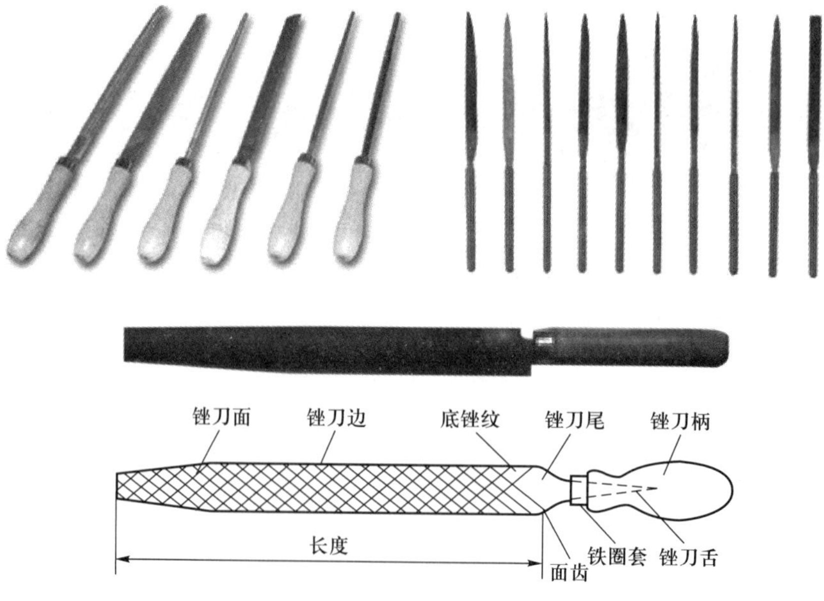

图 5.1.3 锉刀及其结构组成

① 锉刀面 锉刀面是锉削的主要工作面,锉刀面在前端做成凹弧形,上下两面都有锉齿,便于锉削和提高锉刀的使用寿命。

② 锉刀边　锉刀边是锉刀的两个侧面,有的没有锉齿,有的其中一边有锉齿;没有齿一边称为光边,它可以在锉削内直角的一个面时,不碰伤另外一个相邻面。

③ 锉刀舌　锉刀舌是用来安装锉刀柄的。

④ 锉刀柄　锉刀柄是锉削时手握的部位,一般是木质的。

⑤ 铁圈套　在安装孔的一端套有铁圈套,也防止木质刀柄在锉刀舌胀紧时开裂。

(2) 锉刀的拆装方法

锉刀的拆装方法如图 5.1.4 所示。

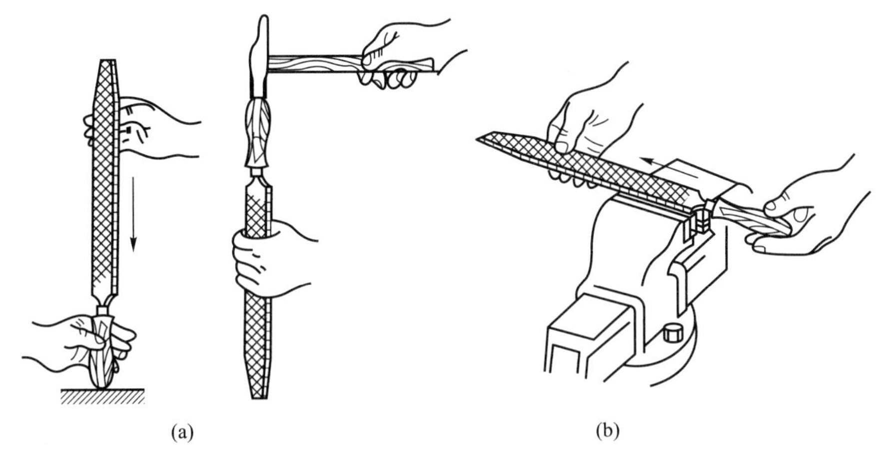

图 5.1.4　锉刀的拆装方法

(a)锉刀柄的安装;(b)锉刀柄的拆卸

(3) 锉刀的齿纹

锉刀的齿纹有单齿纹和双齿纹两种。

1) 单齿纹　锉刀上有一个方向排列的齿纹称为单齿纹,如图 5.1.5a 所示。由于单齿纹锉刀全齿宽都要参加锉削,锉削时需要较大的锉削力,因此适用于锉削软材料件。

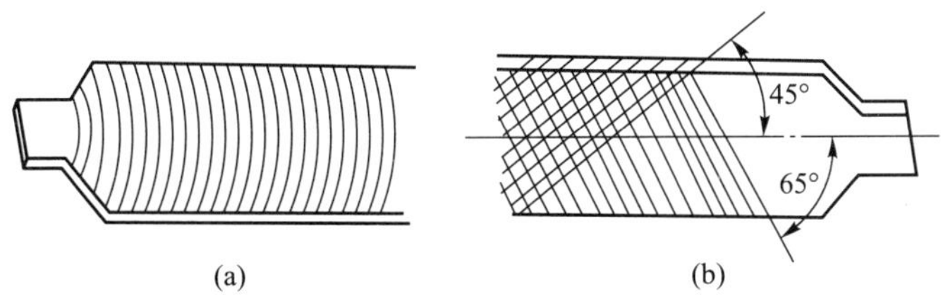

图 5.1.5　锉刀的齿纹

(a)单齿纹锉刀;(b)双齿纹锉刀

2) 双齿纹　锉刀上有两个方向排列的齿纹称为双齿纹,如图 5.1.5b 所示。浅的齿纹是锉刀的底齿纹,深的齿纹是锉刀的面齿纹。由于双齿纹锉刀在锉削时切屑是碎的,锉刀面不易堵塞,在锉削硬材料时比较省力,因此适用于锉削硬材料件。

(4) 锉刀的规格

锉刀的规格分为尺寸规格和齿纹的粗细规格。

1）锉刀的尺寸规格　不同的锉刀其尺寸规格用不同的参数表示。对于圆锉刀，其尺寸规格用直径表示；方锉刀的尺寸规格用方形尺寸表示；其他锉刀的尺寸规格则用锉身长度表示。常用锉身长度有：100 mm（4″）、150 mm（6″）、200 mm（8″）、250 mm（10″）、300 mm（12″）、350 mm（14″）等几种。

2）锉齿的粗细规格　以锉刀每 10 mm 轴向长度内的主要齿纹条数表示其粗细规格，分为粗齿、中齿和细齿锉刀。锉齿的粗细规格及其选用见表 5.1.1。

表 5.1.1　锉刀锉齿的粗细规格及其选用

<table>
<tr><th rowspan="2">锉齿粗细</th><th colspan="4">应用场合</th></tr>
<tr><th>锉削余量/mm</th><th>尺寸精度/mm</th><th>表面粗糙度/μm</th><th>说明</th></tr>
<tr><td>1 号（粗齿）</td><td>0.5～1</td><td>0.2～0.5</td><td>Ra100～25</td><td rowspan="2">适用于粗加工或者锉铜、铝等软金属材料</td></tr>
<tr><td>2 号（中齿）</td><td>0.2～0.5</td><td>0.05～0.2</td><td>Ra125～6.3</td></tr>
<tr><td>3 号（细齿）</td><td>0.1～0.3</td><td>0.02～0.05</td><td>Ra12.5～3.2</td><td rowspan="2">适用于锉钢或者铸铁等材料</td></tr>
<tr><td>4 号（双细齿）</td><td>0.1～0.2</td><td>0.01～0.02</td><td>Ra16.3～1.6</td></tr>
<tr><td>5 号（油光锉）</td><td>0.1 以下</td><td>0.01</td><td>Ra1.6～0.8</td><td>精度特别高时，适用于最后修光表面</td></tr>
</table>

2. 锉刀的种类及选用

（1）锉刀的种类

1）按用途分类　锉刀按用途分为钳工锉、整形锉和特种锉。钳工锉（图 5.1.6a）用于一般的锉削加工；整形锉（什锦锉，图 5.1.6b）用于锉削小而精细的金属零件，由许多各种断面形状的锉刀组成一套；特种锉（异形锉），用于锉修特殊形状的表面，有直形和弯形两种。

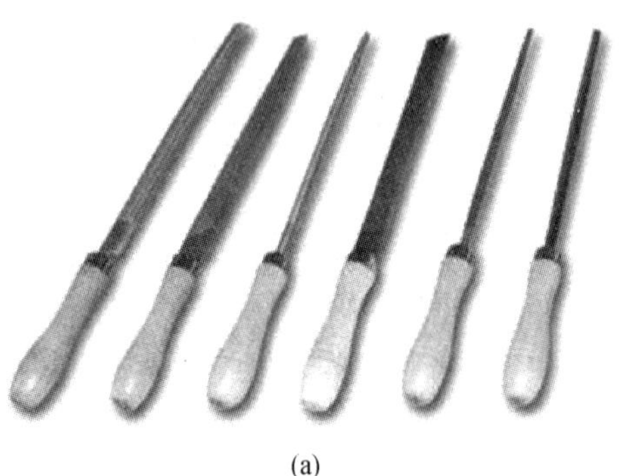

(a)

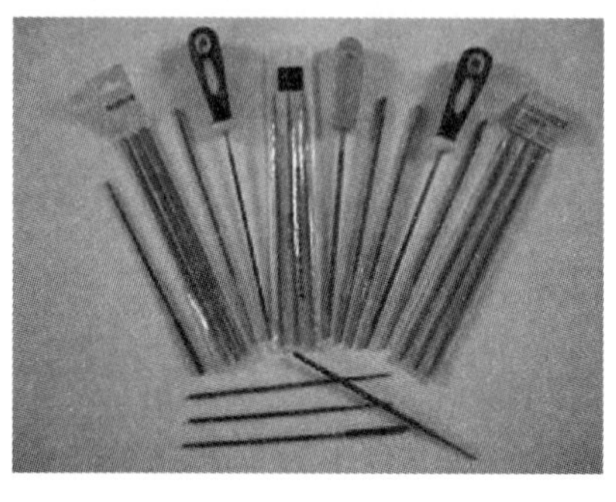

(b)

图 5.1.6　锉刀的种类

（a）钳工锉；（b）整形锉（什锦锉）

2）按剖面形状分类　钳工锉有扁锉（平锉）、方锉、半圆锉、圆锉、三角锉。平锉用来锉平面、外圆面和凸弧面；方锉用来锉方孔、长方孔和窄平面；三角锉用来锉内角、三角孔和平面；半圆锉用来锉凹弧面和平面；圆锉用来锉圆孔、半径较小的凹弧面和椭圆面，其断面形状如图 5.1.7 所示。

特种锉有刀口锉、菱形锉、扁三角锉、椭圆锉等，其断面形状如图 5.1.8 所示。

整形锉（什锦锉）用于锉削小而精细的金属零件，其断面形状及外形如图 5.1.9 所示。

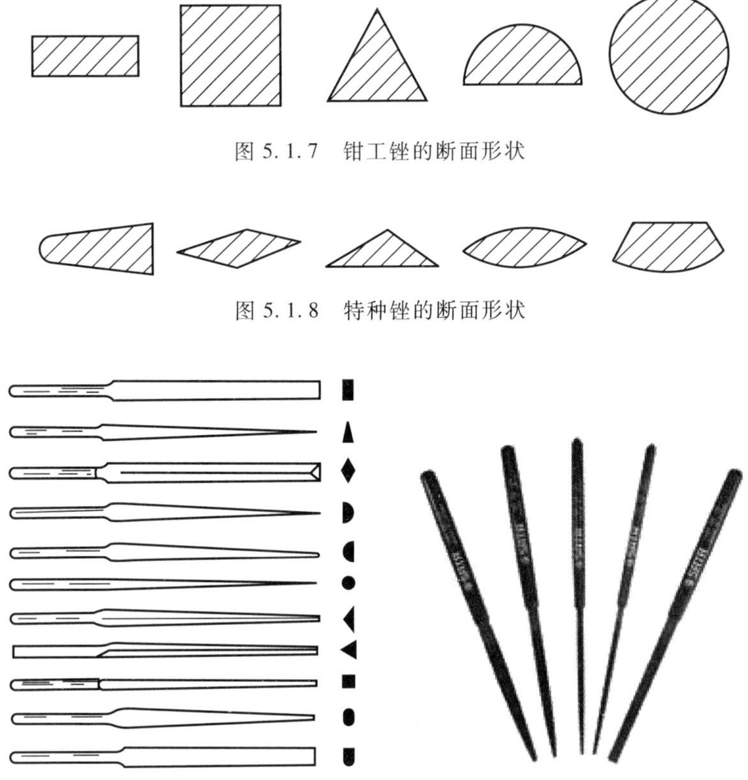

图 5.1.7 钳工锉的断面形状

图 5.1.8 特种锉的断面形状

图 5.1.9 整形锉的断面形状及外形

（2）锉刀的选用

选用锉刀时，要根据所要求的加工精度和锉削时应留的余量来选用各种不同的锉刀，如图 5.1.10 所示。锉刀的选用原则如下：

1）锉刀断面形状的选用　锉刀的断面形状应根据被锉削零件的形状来选择，使两者的形状相适应。锉削内圆弧面时，要选择半圆锉或圆锉（小直径的工件）；锉削内角表面时，要选择三角锉；锉削内直角表面时，可以选用扁锉或方锉等。选用扁锉锉削内直角表面时，要注意使锉刀没有齿的窄面（光边）靠近内直角的一个面，以免碰伤该直角表面。

2）锉刀齿粗细的选择　锉刀齿的粗细要根据工件的加工余量大小、加工精度、材料性质来选择。粗齿锉刀适用于加工大余量、尺寸精度低、形位公差大、表面粗糙度数值大、材料软的工件；反之应选择细齿锉刀。

3）锉刀尺寸规格的选用　锉刀尺寸规格应根据被加工工件的尺寸和加工余量来选用。加工尺寸大、余量大时，要选用大尺寸规格的锉刀，反之要选用小尺寸规格的锉刀。

4）锉刀齿纹的选用。锉刀齿纹要根据被锉削工件材料的性质来选用。锉削铝、铜、软钢等软材料工件时，最好选用单齿纹（铣齿）锉刀。单齿纹锉刀前角大、楔角小、容屑槽大、切屑不易堵塞、切削刃锋利。

3. 锉刀的保养

使用锉刀后要注意锉刀的保养，具体注意事项如下：

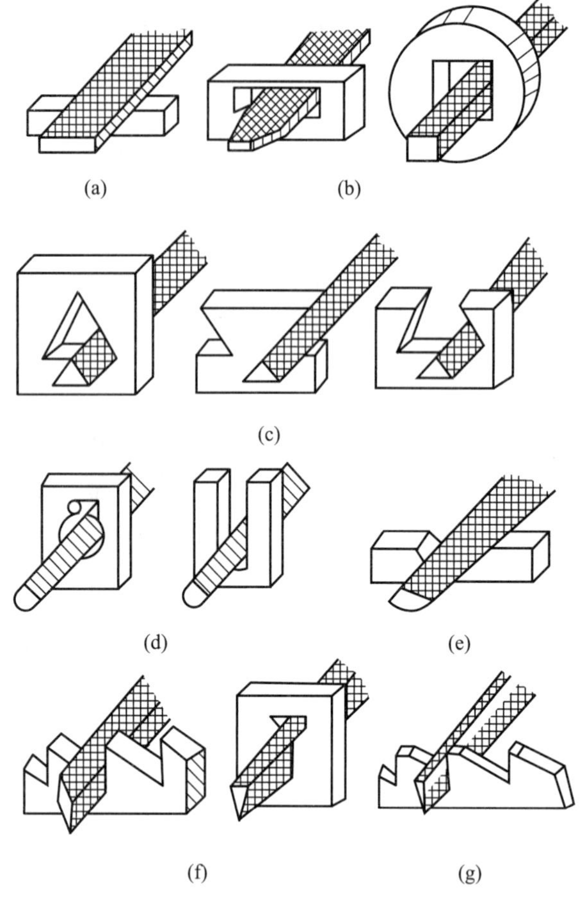

图 5.1.10　锉刀的选用

(a)平锉;(b)方锉;(c)三角锉;(d)圆锉;(e)半圆锉;(f)菱形锉;(g)刀口锉

1）新锉刀的锉齿上都有毛刺,若用新锉刀锉削硬金属,毛刺就会磨掉,锉刀也会磨钝,因而,不可用新锉刀锉硬生铁和钢。

2）不可用新锉刀锉氧化铁或铸造硬皮的表面以及未退火的硬钢件,氧化铁皮和铸造硬皮必须先在砂轮上磨掉,只有在不得已的情况下,才可以用旧锉刀锉掉。

3）不可用细锉锉软金属(铅、锡等),因为软金属的锉层容易嵌入锉齿的齿槽,而使锉刀在工件表面打滑。

4）不可把锉刀堆放在一起,以免碰坏锉齿。

5）不可使锉刀沾水或放在潮湿的地方,以防锈蚀。

6）当锉软金属时,锉齿常被锉层堵塞,这时可用钢丝锉刷将锉层刷去。为了避免锉齿被钢丝刷磨钝,应沿锉齿的方向,使钢丝刷向钢丝钩着的一面刷去。若嵌牢的是大锉屑,则用铜刮刀刮去,但要顺着锉齿的方向剔除。

5.1.3　锉削实训任务与要求

1）掌握平面锉削操作方法、步骤和要领。

2）掌握圆弧面锉削操作方法、步骤和要领。

【讲解与示范】

实训指导师傅给学生讲解与示范锉刀的结构组成、规格、拆装、种类及其应用。

【学生动手操作】

学生在实训指导师傅的指导下，观察了解锉刀的结构组成、种类及其应用，动手锉刀的拆装操作练习。

任务二　平面锉削操作训练及其考核

【任务目标】

1. 了解平面锉削工器具的种类、结构和用途，懂得其使用方法。
2. 掌握平面锉削操作方法、步骤和要领。

【相关知识】

5.2.1　锉削的操作要领

1. 锉削姿势及方法

（1）锉刀的握法

锉刀的握法非常重要，掌握得正确与否，对锉削质量、效率和操作者的疲劳程度等都有一定的影响。由于锉刀的形状、大小不同，其握法也不相同。

对于尺寸规格较大的锉刀（大于 250 mm），用右手握刀柄，柄端顶住掌心，大拇指放在柄的上部，其余手指满握刀柄，握法如图 5.2.1a 所示。左手的握法有三种，如图 5.2.1b 所示。

锉削时两手的姿势，如图 5.2.1c 所示；其中，左手的肘部要抬起，不要下垂，否则锉削力量不能正常发挥，锉而影响锉削效率。

对于中型尺寸规格的锉刀（200 mm 左右），右手握法与上述大锉刀握法相同，左手只需要用大拇指和食指、中指轻轻扶持即可，而不像大锉刀那样施加较大的力量，握法如图 5.2.2a 所示。

对于较小尺寸规格的锉刀（150 mm 左右），由于只需要施加较小的力量，因此锉刀的握法也有不同，如图 5.2.2b 所示。这样的握法操作者不仅不易感觉到疲劳，而且锉刀也容易掌握平稳。

对于更小尺寸规格的锉刀(150 mm 以下),只需要用一只手握住即可,如图 5.2.2c 所示。

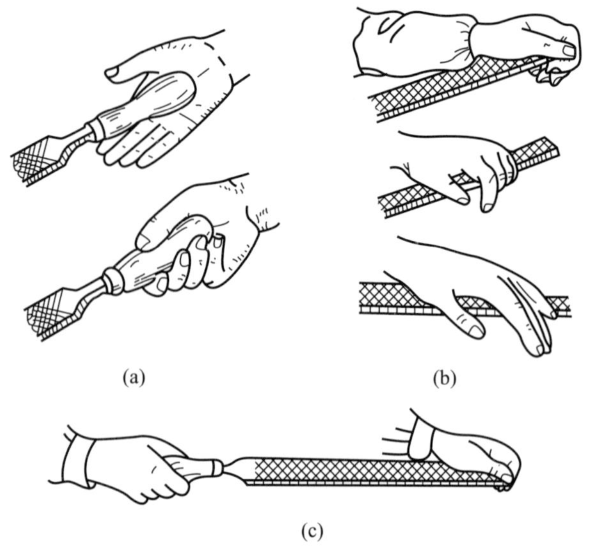

图 5.2.1　较大尺寸规格锉刀的握法

(a)右手握法;(b)左手握法;(c)锉削时两手姿势

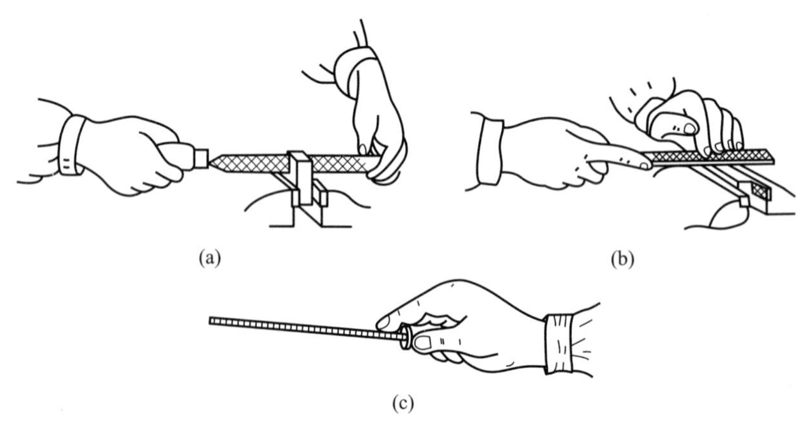

图 5.2.2　中小尺寸规格锉刀的握法

(a)中型锉刀的握法;(b)较小锉刀的握法;(c)小锉刀的握法

(2)锉削姿势

锉削时站立的步位和姿势如图 5.2.3 所示。此时,人体的重心要落在左脚上,右膝伸直,左膝随锉削的往复动作而屈伸。锉刀在向前锉削的过程中,身体和手臂的运动情况如图 5.2.4 所示。

2. 锉削力及其运用

在推进锉刀时,两手加在锉刀上的压力要适中,应以保证锉刀平稳而不上下波动为度,只有这样才能锉出平整的平面。推进锉刀时的推力大小主要由右手控制,而压力的大小则是由两手控制。

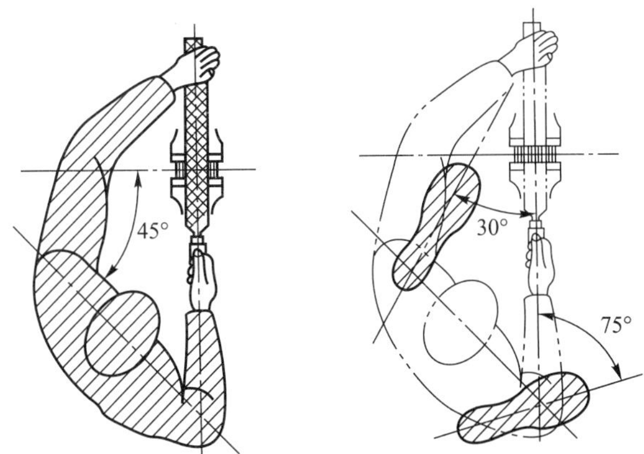

图 5.2.3　锉削时站立的步位和姿势

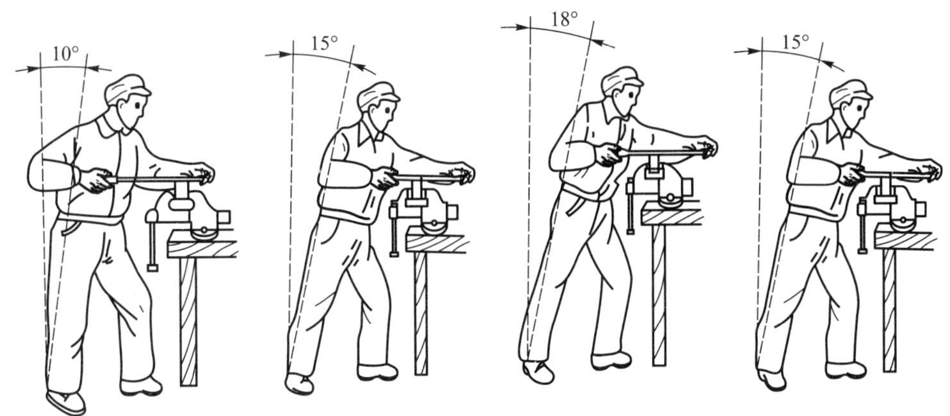

图 5.2.4　锉削动作

锉平面时，为了保证锉刀平稳地推进，必须满足以下条件，即：锉刀在锉削工件平面上的任意位置时，锉刀前后两端所受的力矩必须相等。锉削时，要锉出平整的平面，必须保持锉刀的平直运动。平直运动是在锉削过程中通过随时调整两手的压力来实现的。锉削开始时，左手压力大，右手压力小；随锉刀前推，左手压力逐渐减小，右手压力逐渐增大，到中间时，两手压力相等；到最后阶段，左手压力减小，右手压力增大。退回时，不加压力。锉削时，压力不能太大，否则，小锉刀易折断；但也不能太小，以免打滑。这是平面锉削的关键操作要领，每个同学必须认真练习、细心体会才能掌握好。锉削平面时力矩的平衡如图 5.2.5 所示。

3. 锉削速度

锉削速度不可太快。如果速度太快，则容易疲劳且易磨钝锉齿；如果速度太慢，则效率不高。因此，锉削时的速度一般控制在 30~60 次/min 为宜。

此外，在锉削时，眼睛要注视锉刀的往复运动，观察手部用力是否适当，锉刀有没有摇摆。锉了几次后，要拿开锉刀，看是否锉在需要锉的位置，是否平整，发现问题后及时纠正。

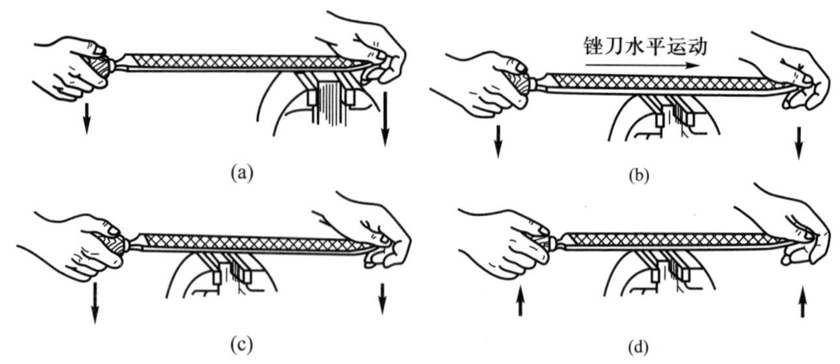

图 5.2.5　锉削平面时力矩的平衡

(a)锉削开始;(b)锉削中;(c)锉削终结;(d)锉刀返回

5.2.2　平面锉削方法

平面锉削是锉削中最基本的操作,其方法主要有:平行锉法、顺锉法、交叉锉法、推锉法。

1. 顺锉法

顺锉法是平面锉削中最常用的方法。一般来说,不大的平面和最后锉光平面都采用这种方法,如图 5.2.6 所示。采用顺锉法,可以获得正直的锉痕,表面比较美观。

2. 交叉锉法

平面交叉锉时,锉刀与工件表面的接触面增大,锉刀容易掌握平稳。此时,从锉痕上可以判断出锉削面的高低情况,因此容易锉平表面,如图 5.2.7 所示。交叉锉进行到平面将完成之前,再改用顺锉法,以获得光滑的表面和平直的锉痕。

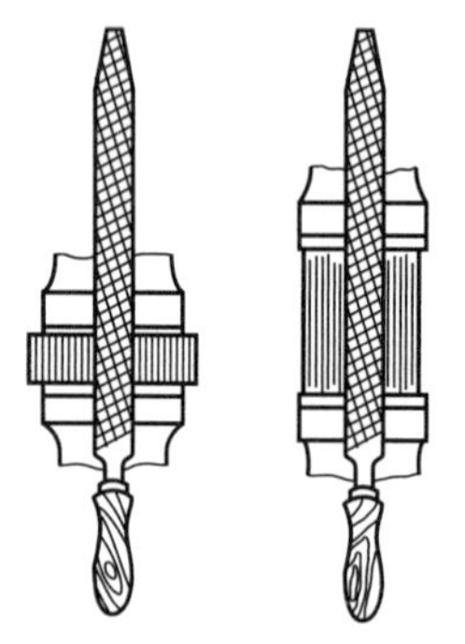

图 5.2.6　平面的顺锉法

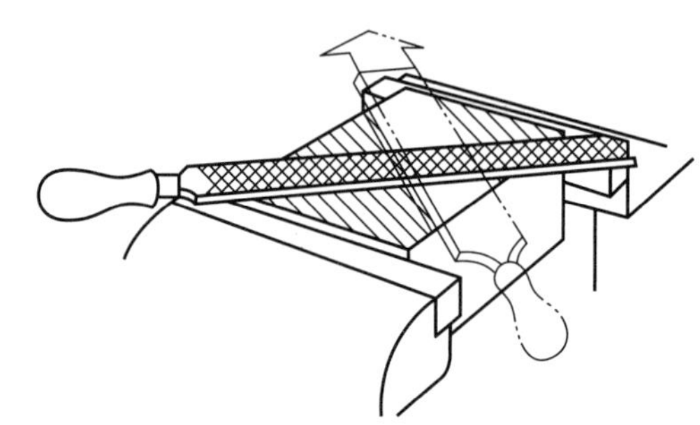

图 5.2.7　平面的交叉锉法

在锉削平面时,无论是采用顺锉法还是交叉锉法,为了使整个加工平面都能够均匀地被锉削到,一般在每次收回锉刀时要向旁边略微移动,如图 5.2.8 所示。

3. 推锉法

推锉法一般用来锉削狭长的平面,如图 5.2.9 所示。采用推锉法不能充分发挥手的力量,锉齿锉削比较低,故只适用于加工余量较小的平面锉削场合。

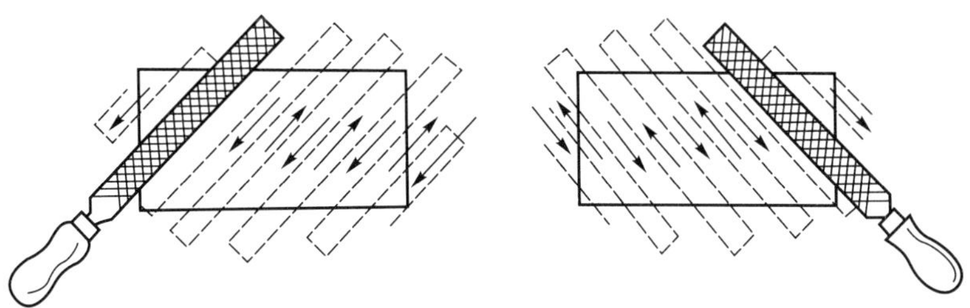
图 5.2.8　平面的锉削时锉刀的移动

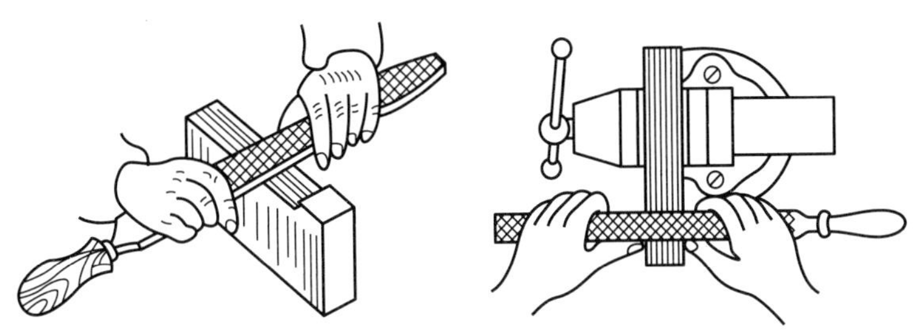
图 5.2.9　平面的推锉法

5.2.3　平面锉削任务及实施步骤

锉削如图 5.2.10 所示长方体的表面，达到图纸要求，单件工时 180 min。

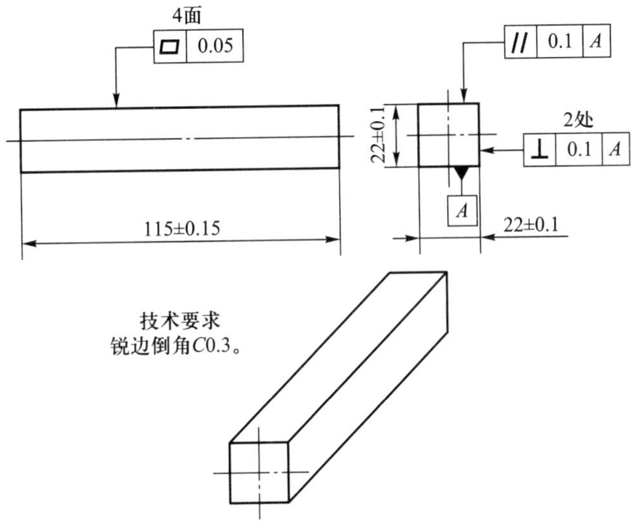

图 5.2.10　长方体平面的锉削

根据上述锉削平面的操作方法及步骤，锉削如图 5.2.10 所示长方体四个平面的操作方法及步骤如下：

1. 准备工作

（1）工件准备

工件准备见表 5.2.1。

表 5.2.1　制作手锤平面锉削的准备明细

实训件名称	材料	工件材料来源及规格	下道工序	数量
长方体	45	项目二　任务二中锯削平面	项目六　任务二中钻孔	1 件/人

（2）工具、刃具、量具、辅具准备

划针、钢直尺、90°角尺、高度游标卡尺、游标卡尺（0.05 mm、0～150 mm）、300 mm 的 1 号粗齿锉刀、250 mm 的 3 号纹平锉刀。

2. 图样分析

根据图 5.2.10 所示可知，需要按划线位置锉削长方体四个平面。由于加工精度要求较高，所以采用锉削可以满足加工要求。

3. 操作步骤

（1）工具选取

根据图 5.2.10 所示长方体图样，选取 300 mm 的 1 号粗齿锉刀、250 mm 的 3 号纹平锉刀。

（2）划线操作

采用高度游标卡尺，在长方体上划出四个平面的加工位置线。

（3）工件装夹

将工件放入虎钳钳口找正和夹紧，要求工件夹紧可靠，平面的加工位置线与钳口平行。

（4）锉削操作

在锉平面时，首先粗、精锉基准面，然后再锉基准面的对面、基准面的任一邻面和基准面的另一邻面。

1）粗、精锉基准面　先粗、精锉基准面 *A*。在粗锉基准面时，采用 300 mm、1 号粗齿锉刀；精锉时，用 250 mm、3 号纹平锉刀，达到平面度 0.05 mm、表面粗糙度 *Ra*3.2 μm 的要求。平面度误差采用刀口形直尺检查；表面粗糙度则采用样块比较目测检定。

平面度误差一般采用钢直尺或者采用刀口形直尺或者角度尺，以透光法来检验，如图 5.2.11所示。

采用刀口形直尺来检验平面度误差的方法，如图 5.2.12 所示。刀口形直尺沿锉削面的纵向、横向和对角线方向多处检测，以判定整个锉削面的平面度误差。

检测时，如果检测处透光微弱而均匀，则表示此处较平直；如果透光强弱不一，则表示此处高低不平；其中，光线强处比较低，光线弱处比较高。当每次改变刀口形直尺的检测位置时，应当先将其提起，然后再轻轻放置在另一位置，而不能在平面上拖动，否则会磨损刀口形直尺边缘而降低测量精度。

检验平面度误差值的大小可采用塞尺确定，塞尺如图 5.2.13 所示。采用塞尺测量平面度误差值大小的方法如图 5.2.14 所示。

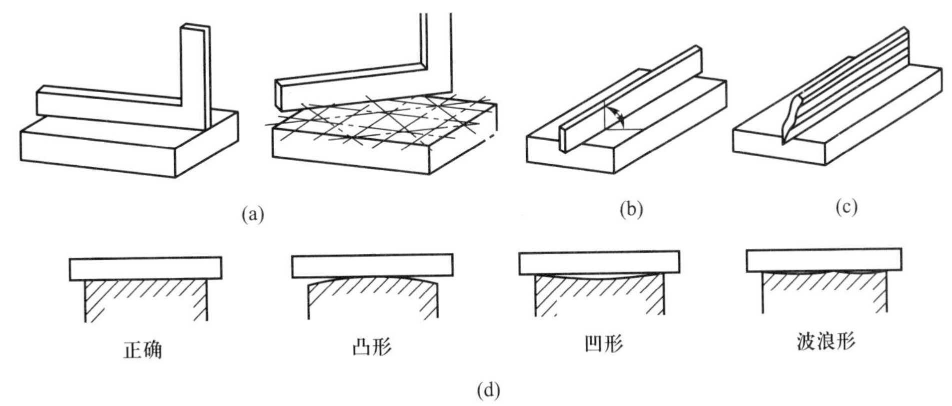

图 5.2.11　平面度误差的检测方法

(a)用角尺检查;(b)用直尺检查;(c)用刀口尺检查;(d)检查结果

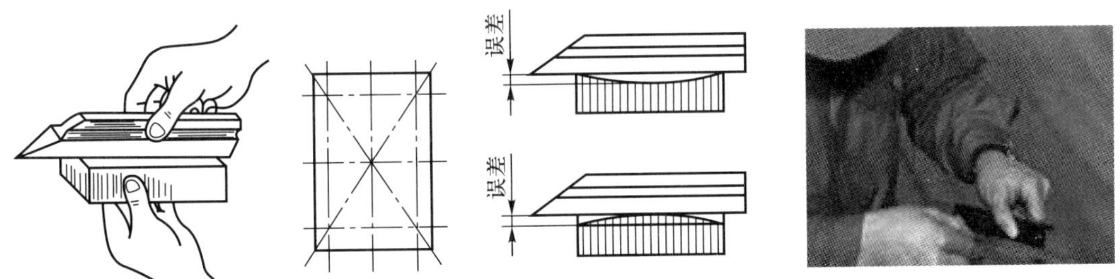

图 5.2.12　采用刀口形直尺检测平面度的方法

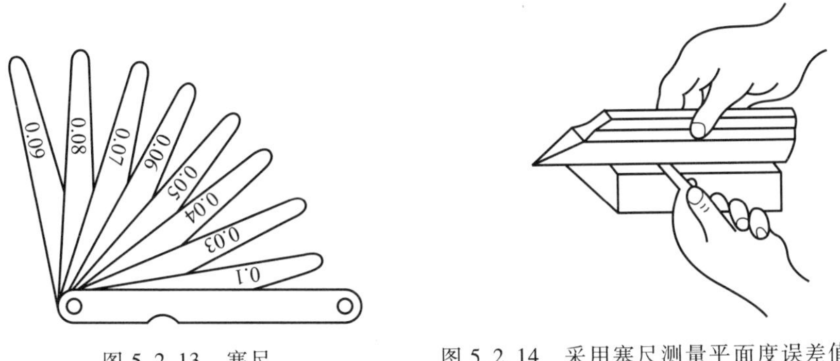

图 5.2.13　塞尺

图 5.2.14　采用塞尺测量平面度误差值的大小

2）粗、精锉基准面的对面　粗、精锉基准面 *A* 后,再粗、精锉其对面(工件翻转 180°)。先划线,即采用高度游标卡尺,在长方体上划出相距 22 mm 的平面加工位置线。

按加工位置线先粗锉,留 0.15 mm 的左右的精锉余量,然后再精锉达到图纸要求。尺寸精度采用游标卡尺检测。

3）粗、精锉基准面的任一邻面　采用 90°角尺和划针,划出平面的加工位置线。按加工位置线先粗锉,留 0.15 mm 的左右的精锉余量,然后再精锉达到图纸要求。尺寸精度采用游标卡尺检测；而垂直度采用 90°角尺检测，检测步骤如下：

① 先将用 90°角尺尺座的测量面紧贴工件的基准面，然后从后逐步轻轻向前移动尺座；移动中使角尺的测量面与工件被测量面接触，如图 5.2.15a 所示。检测时，90°角尺不可斜放，如图 5.2.15b所示，否则会产生较大的测量误差。

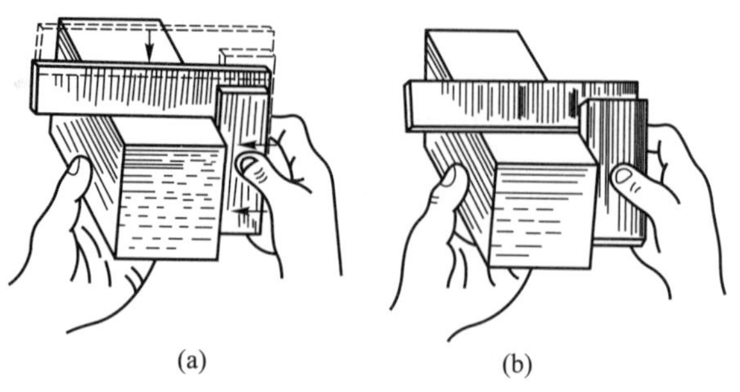

图 5.2.15 垂直度的检测方法
(a)操作正确；(b)操作不正确

② 如果在同一平面上改变不同的检查位置时，90°角尺不可在工件表面上拖动，否则会使角尺磨损而影响测量精度。

4）粗、精锉基准面的另一邻面 先在相距对面 22 mm 处划出平面的加工位置线。按加工位置线先粗锉，留 0.15 mm 的左右的精锉余量，然后再精锉达到图纸要求。

（5）检测工件

尺寸形状应达到图样要求。一般来说，工件的各个锐边均需要去毛刺、倒角与倒棱。例如图纸上有 *C*0.3 mm 的倒角，倒角方法如图 5.2.16 所示。

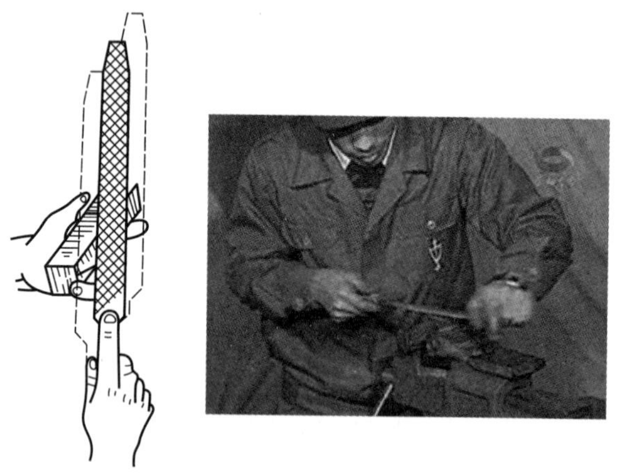

图 5.2.16 工件倒角与倒棱的方法

5.2.4 平面锉削的注意事项

1）工件装夹时，应在钳口上垫好软金属衬垫（例如紫铜片），以避免夹伤工件表面。

2）在锉削时，要正确控制好加工余量，认真检查尺寸精度、平面度、垂直度等情况，避免精度超差。为此，采用顺锉法，并使锉刀有效全长锉削。

3）锉削时，先锉基准面，并且达到规定的平面度和表面粗糙度，再锉其他表面。

4）为了达到垂直度要求，各个表面的横向尺寸尽可能取较高的精度。在检测时，锐边必须去毛刺、倒角与倒棱，以保证测量的准确性。

5）在锉削钢件时，为了保证其表面光洁，必须经常使用钢丝刷清除锉刀齿纹内的锉屑。

【讲解与示范】

实训指导师傅给学生讲解与示范平面锉削的操作方法和要领。

【学生动手操作】

学生在实训指导师傅的指导下，动手进行平面锉削操作练习。

任务三　圆弧面锉削操作训练及其考核

【任务目标】

1. 了解圆弧面锉削工器具的种类、结构和用途；懂得其使用方法。
2. 掌握圆弧面锉削操作方法、步骤和要领。

【相关知识】

5.3.1　圆弧面的锉削方法

1. 外圆弧面的锉削方法

外圆弧面的锉削方法有以下两种：

（1）采用平锉对着圆弧面进行锉削

如图 5.3.1a 所示，锉刀做直线推进的同时，绕圆弧面中心做圆弧摆动，待圆弧面接近尺寸时再顺着圆弧面精锉成形，这种方法效率较高，适用于圆弧面的粗锉。

（2）采用平锉顺着圆弧面进行锉削

如图 5.3.1b 所示，锉刀做前进运动的同时，绕圆弧面中心做上下摆动，右手上下压的同时左手则向上提。这种方法效率不高，只适用于圆弧面的精锉。

2. 内圆弧面的锉削方法

内圆弧面的锉削可以采用半圆锉刀、圆锉刀锉削。锉削时，锉刀要同时完成三个运动，即：前进运动、顺着圆弧面向左或者向右运动、绕锉刀中心转动，如图 5.3.2a 所示。操作中只有这三个运动协调完成，才能锉好内圆弧面。

采用圆锉刀横着对圆弧面进行锉削，如图 5.3.2b 所示；采用半圆锉刀按推锉的方法精锉内圆弧面，如图 5.3.2c 所示。

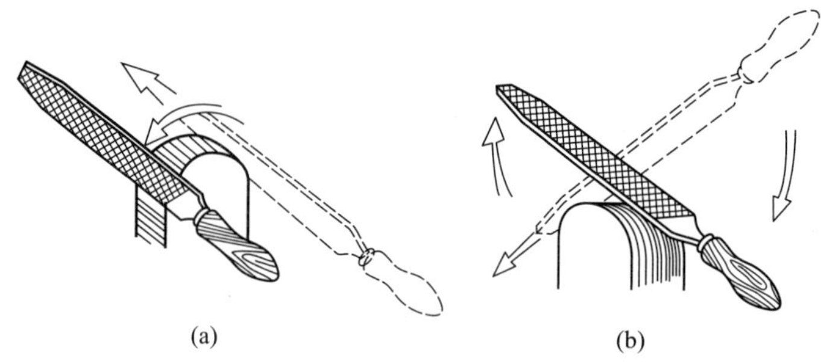

图 5.3.1　外圆弧面的锉削方法

(a)采用平锉对着圆弧面进行锉削;(b)采用平锉顺着圆弧面进行锉削

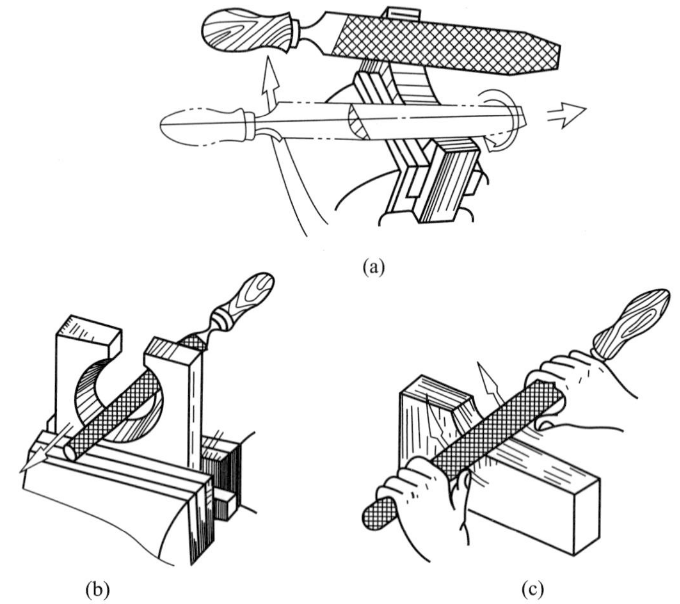

图 5.3.2　内圆弧面的锉削方法

(a)锉刀要同时完成三个运动;(b)采用圆锉横着对圆弧面进行锉削;(c)推锉

5.3.2　圆弧面锉削操作

1. 圆弧面锉削任务及要求

锉削如图 5.3.3 所示手锤圆弧面,达到图纸要求,单件工时 60 min。

2. 任务实施

参照锉削平面的操作方法及步骤,锉削如图 5.3.3 所示手锤圆弧面的操作方法及步骤如下:

(1) 准备工作

1) 工件准备　工件准备见表 5.3.1。

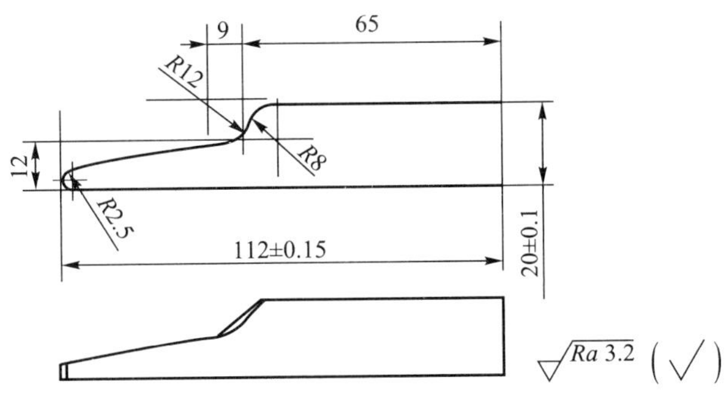

图 5.3.3　手锤圆弧面的锉削

表 5.3.1　制作手锤圆弧面锉削的准备明细

实训件名称	材料	工件材料来源及规格	下道工序	数量
长方体	45	项目五　任务二中锉削平面	项目六　任务二中钻孔	1 件/人

2）工具、刃具、量具、辅具准备　划针、钢直尺、90°角尺、刀口直形尺、游标卡尺(0.05 mm、0~150 mm)、圆弧样板(*R*1~*R* 6.5、*R*7~*R* 14.5)、300 mm 的 1 号纹平锉刀、250 mm 的 3 号纹平锉刀、3 号纹半圆锉刀、圆锉刀。

(2) 图样分析

根据图 5.3.3 所示可知,需要按划线位置锉削手锤 *R*2.5 mm、*R*8 mm、*R*12 mm 三处圆弧面。由于加工精度要求较高,所以采用锉削可以满足加工要求。

(3) 操作步骤

1）工具选取　根据图 5.3.1 所示手锤图样,选取 300 mm 的 1 号纹平锉刀、250 mm 的 3 号纹平锉刀、3 号纹半圆锉刀。

2）划线操作　采用划针、划规,在长方体上划出圆弧面的加工位置线。

3）工件装夹　将工件放入虎钳钳口找正并夹紧,要求工件夹紧可靠。

4）锉削操作

① 对 *R*2.5 mm 外圆弧面近似的、多棱形面锉削。采用 1 号纹平锉,按划线位置锉削成多段近似于圆弧面的多棱形面。

② 修圆 *R*2.5 mm 外圆弧面。采用 1 号纹平锉,按照既向前锉,同时又绕圆弧面中心转动的方法修圆 *R*2.5 mm,粗锉后留 0.2~0.5 mm 的余量,如图 5.3.1a 所示。

③ 精锉 *R*2.5 mm 外圆弧面。采用 3 号纹平锉,顺着圆弧方向向前推进的同时,右手向下压,左手则向上提,精锉 *R*2.5 mm 外圆弧面,如图 5.3.1b 所示。

④ 在锉削过程中,要注意经常采用样板半径检查圆弧面的形状、轮廓精度,直至达到图纸要求。如图 5.3.4 所示为半径样板及其使用方法。如图 5.3.5 所示为半径样板及其检查外圆弧面的方法。

⑤ 粗锉 *R*12 mm 内圆弧面。将工件卸下,把内圆弧面一端朝上装夹在垫有软金属片的钳口中,找正并夹紧。采用 1 号纹半圆锉,按照既向前锉、同时又绕圆弧面中心转动的方法修圆

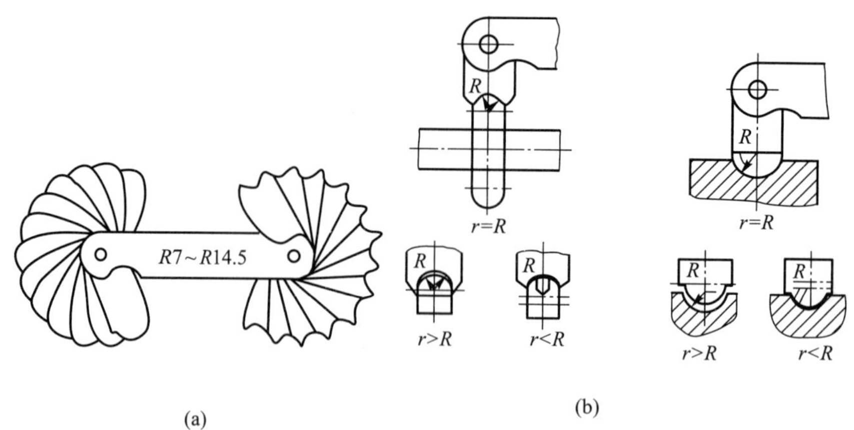

图 5.3.4　半径样板及其使用方法

(a)半径样板;(b)完全合格和不完全合格的各种情况

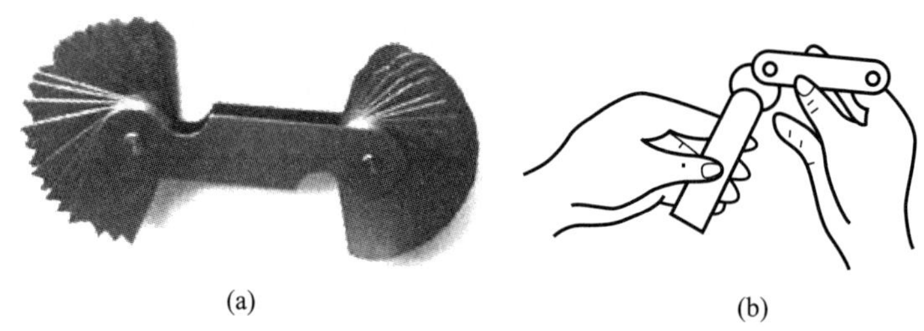

图 5.3.5　半径样板及其检查外圆弧面的方法

(a)半径样板;(b)检查外圆弧面的方法

R12 mm, 粗锉后留 0. 2~0. 5 mm 的余量。

⑥ 精锉 R12 mm 内圆弧面。采用 3 号纹半圆锉,按照推锉的方法进行精锉 R12 mm。在锉削过程中,要注意经常采用样板半径检查圆弧面的形状、轮廓精度。

⑦ 同理,重复第① 步~④ 步,可完成 R8 mm 外圆弧面的锉削。

5）将工件卸下,按照图纸要求进行最终检查。

（4）操作注意事项

1）在锉削 R2. 5 mm 外圆弧面时,可以先用倒角的方法使其靠近划线位置时再锉削,这样有利于控制锉削精度和提高工作效率。

2）在锉削 R2. 5、R8 mm 外圆弧面时,不仅要注意锉圆,而且还要注意它们与基准面的垂直度,以及横向的直线度。

3）在顺着圆弧锉削 R2. 5 mm 外圆弧面时,锉刀上翘下摆的幅度要大,才容易将其锉圆。

4）在锉削 R12 mm 内圆弧面时,横向锉削一定要把形体锉正,以便于推锉时容易锉光圆弧面。但在推锉圆弧面时,锉刀要有一些转动,以防止端部塌角。

5）锉圆弧面时常见形体误差主要有:圆弧面不圆而呈多角形;圆弧与基准面的垂直度以及横向的直线度误差大;圆弧半径过大或者过小;没有按划线位置锉削而造成尺寸不正确;表面粗糙度太粗糙,纹理不整齐等。因此,在锉圆弧面时应注意避免。

5.3.3　圆柱面、圆孔、球面的锉削方法

1. 圆柱面的锉削方法

1）圆柱面（或者凸弧面）锉削时，锉刀要同时完成前进运动和绕圆弧面中心转动两个动作，如图 5.3.6a 所示。如果是将方形件锉削成圆柱形件，则应先锉削成棱柱形件（8 棱或者 16 棱），然后再用上述方法锉削成圆柱形，如图 5.3.6b 所示。

2）对于小型件，可用台虎钳夹持工件。先在台虎钳上夹上垫木，然后将工件放在垫木内旋转锉削，如图 5.3.6c 所示。

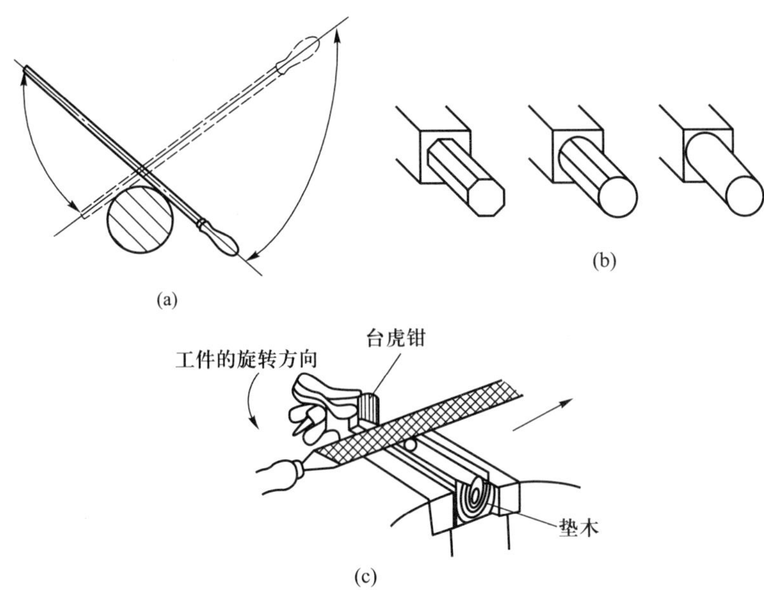

图 5.3.6　圆柱面的锉削方法

（a）锉削圆柱面；（b）锉削方形件；（c）锉削小件

2. 圆孔的锉削方法

圆孔（或者凹圆弧面）锉削时，锉刀要同时完成三个动作，否则难以锉圆。

（1）锉刀的前进运动

锉削时，锉刀沿着孔中心线方向直线运动，如图 5.3.7a 所示。

（2）锉刀向左移动（距离约半个到一个锉刀宽度）

锉削时，锉刀沿着孔中心线方向直线运动的同时，还要沿着孔壁按顺时针方向移动，如图 5.3.7b所示。

（3）绕锉刀中心转动

此外，锉刀沿着孔壁向左移动的同时，还要绕锉刀中心转动，如图 5.3.7c 所示。

3. 球面的锉削方法

1）锉削圆柱件端部的球面时，锉刀只有将顺向和横向两种曲面的锉法结合起来，才能获得符合要求的球面，如图 5.3.8 所示。

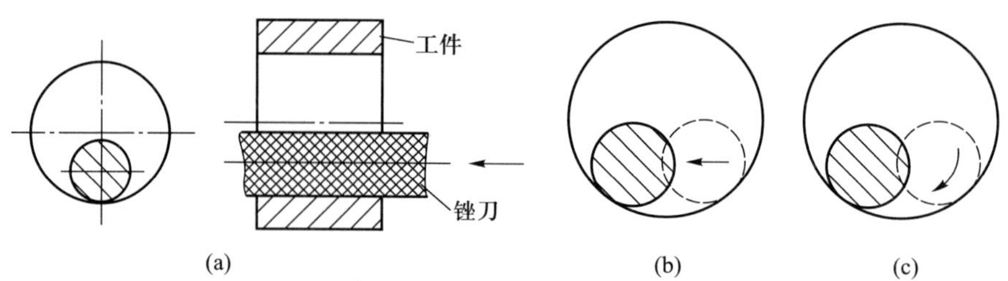

图 5.3.7　圆孔的锉削方法

(a)锉刀前进运动;(b)锉刀向左移动;(c)绕锉刀中心转动

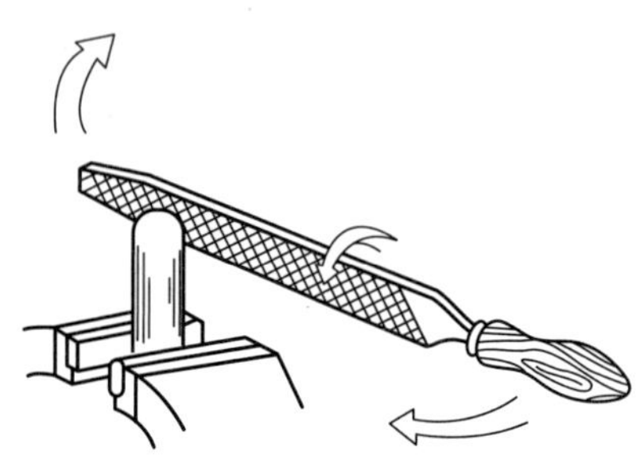

图 5.3.8　球面的锉削方法

2）曲面线轮廓度的检测方法有两种,即:可采用半径样板透光检测,如图 5.3.9 所示;还可以采用半径样板加塞尺的方法进行检测。

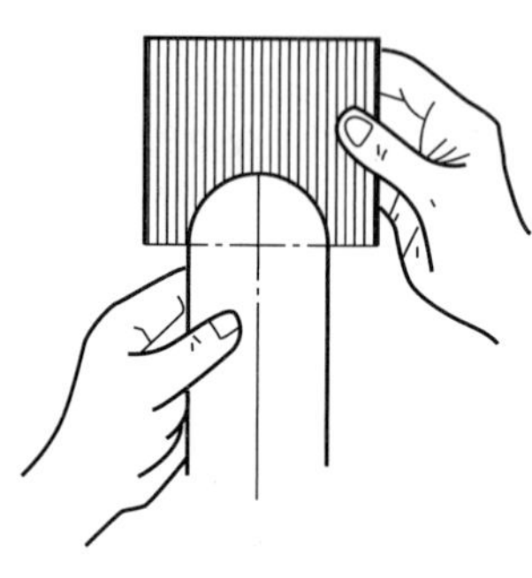

图 5.3.9　球面的检测方法

【讲解与示范】

实训指导师傅给学生讲解与示范圆弧面锉削的操作方法和要领。

【学生动手操作】

学生在实训指导师傅的指导下,动手进行如图 5.3.10 所示圆弧面锉削操作练习。

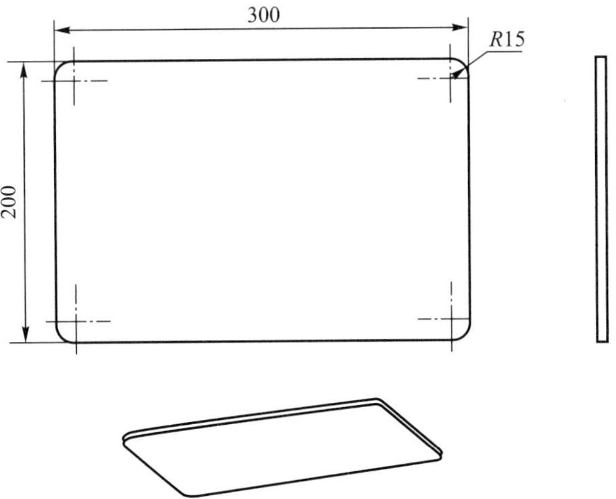

图 5.3.10　板块圆弧面的锉削方法

项目六　刮 研 实 训

任务一　刮研实训入门指导

【任务目标】

1. 了解刮削、研磨、刮研的概念、特点及应用。
2. 了解刮研工器具的种类、结构和用途;懂得其使用方法。
3. 明确刮研的任务和要求。

【相关知识】

6.1.1　刮削、研磨、刮研的概念、特点及应用

1. 刮削的概念特点及应用

用刮刀在工件已加工表面上刮去一层很薄金属的操作称为刮削。刮削时刮刀对工件既有切削作用,又有压光作用。刮削是精加工的一种方法。

通过刮削,不仅能获得很高的形位精度、尺寸精度,而且能使工件的表面组织紧密并降低表面粗糙度,还能形成比较均匀的微浅坑,创造良好的存油条件,减少摩擦阻力。所以刮削常用于零件上互相配合的重要滑动面,如机床异轨面、滑动轴承等,并且在机械制造、工具、量具制造或修理中占有重要地位;但刮削的缺点是生产率低,劳动强度大。

2. 研磨的概念、特点及应用

研磨是利用涂敷或压嵌在研具上的磨料颗粒,通过研具与工件在一定压力下的相对运动,从工件上研去一层极薄表面层的精整加工方法。或者说用研磨工具和研磨剂,从工件上研去一层极薄表面层的精加工方法称为研磨。研磨是为了降低工作表面的粗糙度,提高形状精度,增加表面光泽。研磨可用于加工各种金属和非金属材料,加工的表面形状有平面,内、外圆柱面和圆锥面,凸、凹球面,螺纹,齿面及其他型面。

经研磨后的加工精度可达 IT01~IT05,表面粗糙度 Ra 可达 0.05~0.8 μm。

研磨有手工操作和机械操作。

3. 刮研的概念、特点及应用

所谓“刮研”,实际上是刮削和研磨两个工序的结合,即表面(平面、曲面)刮削→研磨→显点,再进行表面刮削→再研磨→显点,如此往复,交替循环,直至刮研表面粗糙度值、几何精度、接触精度达到规定要求为止。

在机械加工过程中,常因机床精度、刀具和加工工艺、装夹方法等问题,不能满足装配和使

用的技术性能要求,需要采用手工刮研的方法来满足导轨和平板的平面度、表面粗糙度、耐磨、含油等性能要求。人工刮研是表面修复加工的方法之一,其目的是为了降低表面的粗糙度值,提高接触精度和几何精度,从而提高机床及平面度、整体的配合刚度、润滑性能、机械效益和使用寿命;如果仅用平面磨床和导轨磨床加工是难以达到最佳效果的。

刮研是在工件表面刮去一层很薄的金属的一种光整加工方法。刮研一般是在精加工之后进行的,刮研平面的直线度可达到 0.01 mm/m,甚至可达到 0.002 5~0.005 mm/m,表面粗糙度值可达 *Ra*0.8~0.1 μm。

由于刮研使用的工具简单,通用性比较强,加工余量小,而达到的精度非常高,因此广泛地应用在机器和工具的制造及机械设备的修理工作中。通常机床的导轨、平板,滑动轴承的轴瓦都是用刮研的方法作精加工而成的。如图 6.1.1 所示为刮研机床的导轨。

图 6.1.1　刮研机床的导轨

6.1.2　刮削的工器具及显示剂

刮削的工器具主要有校准工具和刮刀等。

1. 校准工具

校准工具是用来推磨研点和检查被刮面准确性的用具。

校准工具的用途是:① 用来与刮削表面磨合,以接触点多少和疏密程度来显示刮削平面的平面度,提供刮削依据。② 用来检验刮削表面的精度与准确性。常用的校准工具有校准平板、校准直尺、角度直尺以及专用校准型板等,这里主要介绍校准平板。

1) 校准平板的用途

校准平板或者称为刮研平板是用于工件检测或划线的平面基准器具。主要用于检验工件误差的基准,机床检验测量基准;检查零部件的尺寸精度或形位偏差,并做精密划线等。在机械制造中也是不可缺少的基本工具,其结构形状如图 6.1.2 所示。

2) 使用方法及注意事项

① 使用前用无腐蚀性汽油,将工作面的防锈油洗净,并用脱脂棉纱擦拭干净,方可使用。

② 温度变化会使测量产生误差,应在 20±5℃ 范围内使用。

③ 使用时用水平仪调整到水平,使各支点均匀分布。

④ 使用时要小心,严防碰撞。

图 6.1.2　校准平板即刮研平板的结构形状

⑤ 使用完后擦净，涂无水酸性的防锈油，覆盖防潮纸，置于清洁干燥处存放。

⑥ 周检期：最长周检期一年。

2. 刮刀

（1）刮刀的材料、结构类型及用途

刮刀是刮削工作中的重要工具，要求刀头部分有足够的硬度且刃口锋利。常用 T10A、T12A 和 GCr15 钢制成，也可在刮刀头部焊接高速钢或硬质合金，以刮削硬金属。

由于工件的形状不同，因此要求刮刀有不同的形状，一般分为平面刮刀和曲面刮刀两类。

1）平面刮刀用于刮削平面和刮花，其结构形状如图 6.1.3 所示。常用的平面刮刀有直头刮刀和弯头刮刀两种。

图 6.1.3　刮研平面的刮刀

2）曲面刮刀主要用于刮削衬套、轴承等曲面工件。常用的曲面刮刀有：三角刮刀、蛇头刮刀和柳叶刮刀等，其结构形状如图 6.1.4 所示。

（2）刮刀的刃磨

1）平面刮刀的刃磨

① 粗磨　热处理后的刮刀要在细砂轮上粗磨，基本达到刮刀的形状和几何角度要求。磨削时，先将刮刀顶端对着砂轮的边缘，平稳地左右移动，进行粗磨顶端，如图 6.1.5 a 所示。磨好后，再磨刮刀的平面和侧面，如图 6.1.5 b 所示。刃磨时要经常用水冷却，防止刃口退火。

② 细磨　刮刀粗磨后，要用油石进行细磨。具体方法是：先在油石上涂一层机油，然后使刮刀垂直于油石表面，先磨端面，如图 6.1.6 a、b 所示；后磨平面，如图 6.1.6 c 所示，这两面交替进行刃磨，直到符合要求为止。

2）曲面刮刀的刃磨

① 粗磨　曲面刮刀粗磨时用一只手轻微地把刃口靠在砂轮上，用另一只手使刮刀摆动并在

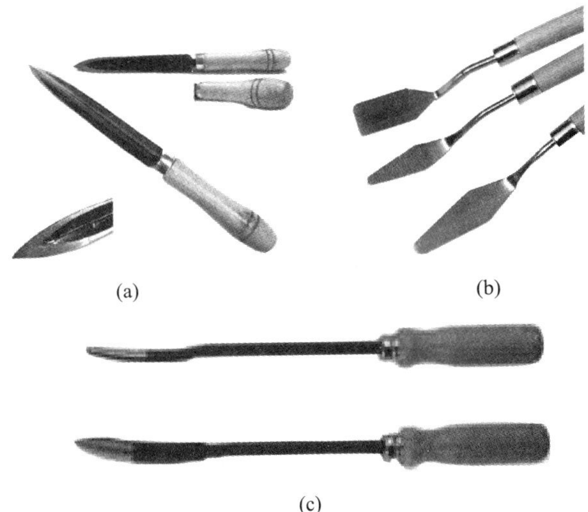

(a)　(b)　(c)

图 6.1.4　曲面刮刀

(a)三角刮刀;(b)蛇头刮刀;(c)柳叶刮刀

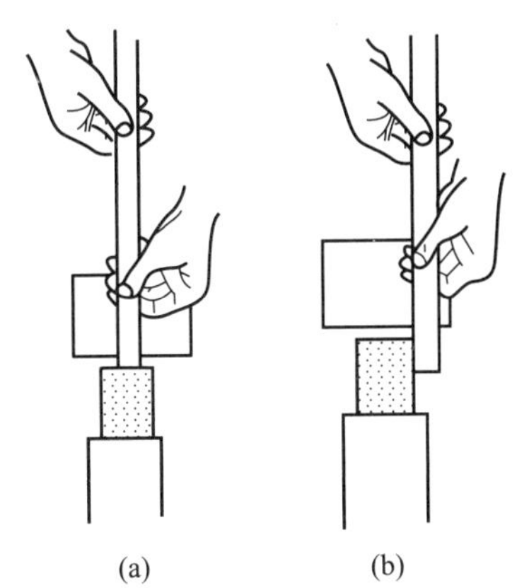

(a)　(b)

图 6.1.5　在砂轮机上粗磨平面刮刀的方法

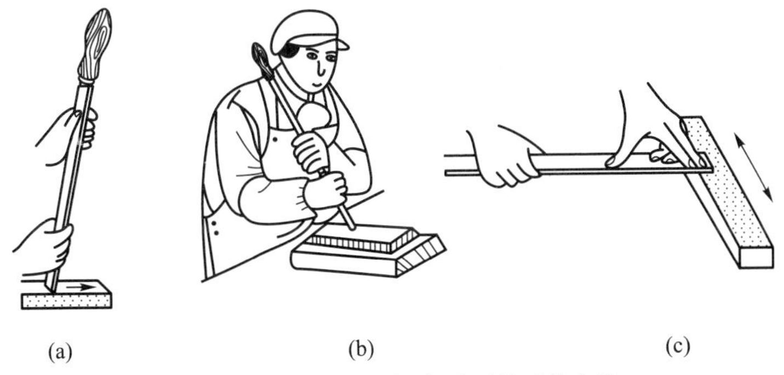

(a)　(b)　(c)

图 6.1.6　在油石上细磨平面刮刀的方法

砂轮上移动。

② 细磨 细磨时用油石使刮刀在其上面做直线和圆弧运动。

3. 显示剂

显示剂是用来显示被刮削表面误差大小的。它放在校准工具表面与刮削表面之间,当校准工具与刮削表面合在一起对研后,凸起部分就被显示出来。这种刮削时所用的辅助涂料称为显示剂。

常用的显示剂有红丹粉和兰油。

① 红丹 红丹显示剂是红丹粉加机油和牛油调和而成,是刮削时采用的显示剂。

② 蓝油 由普鲁士蓝加蓖麻油调成。

6.1.3 研磨的工器具及研磨剂

1. 研具

根据被研磨表面的不同形状来选取不同形状的研具,主要有研磨板、研磨套和研磨棒。其中,研磨板用于平面研磨;研磨套和研磨棒则分别用于外圆和内孔的研磨。这里主要介绍研磨板,其结构形状如图 6.1.7 所示。

图 6.1.7 研磨板

研具材料的硬度一般都要比被研磨工件材料低。但也不能太低。否则磨料会全部嵌进研具而失去研磨作用。灰铸铁是常用研具材料(低碳钢和铜亦可用)。

2. 研磨剂

研磨剂是由磨料和研磨液调和而成的混合溶剂。

(1) 磨料

磨料在研磨中起切削作用。常用的磨料有:刚玉类磨料、碳化硅磨料和金刚石磨料。

1) 刚玉类磨料 用于碳素工具钢、合金工具钢、高速钢和铸铁等工件的研磨。

2) 碳化硅磨料 用于研磨硬质合金、陶瓷等高硬度工件,亦可用于研磨钢件。

3) 金刚石磨料 它的硬度高,实用效果好但价格昂贵。

(2) 研磨液

研磨液在研磨中起的作用是调和磨料、冷却和润滑作用。常用的研磨液有煤油、汽油、工业用甘油和动物油。

6.1.4 刮研实训任务及要求

1) 平面刮削训练:基本掌握平面刮削的方法和操作要领。

2）示范曲面的刮削方法和操作步骤:领会曲面的刮削方法和操作要领。

3）示范平面研磨方法和操作步骤:领会平面研磨的操作方法和要领。

【讲解与示范】

实训指导师傅给学生讲解与示范刮研平板、刮刀的结构及其使用方法。

【学生动手操作】

学生在实训指导师傅的指导下,观察了解刮研平板、刮刀的结构,动手进行刮刀的拆装和刃磨操作练习。

任务二　平面、曲面刮削与平面研磨实训及其考核

【任务目标】

1. 掌握平面刮削的操作方法和要领。
2. 领会曲面刮削的操作方法和要领。
3. 领会研磨的操作方法和要领。

【相关知识】

6.2.1　平面刮削

1. 平面刮削工艺方法

根据刮削质量要求的不同,平面刮研分为粗刮、细刮、精刮和刮花。

（1）粗刮

若工件表面比较粗糙、加工痕迹较深或表面严重生锈、不平或扭曲、刮削余量在 0.005 mm 以上时,应先粗刮。粗刮的特点是采用长刮刀,行程较长（10～15 mm 之间）,刀痕较宽（10 mm）,刮刀痕迹顺向,成片不重复。将机械加工的刀痕刮除后,即可研点,并按显出的高点刮削。当工件表面研点每 25 mm×25 mm 上为 4～6 点,且表面粗糙度为 *Ra*6.3～3.2 时,停止粗刮。

（2）细刮

细刮就是将粗刮后的高点刮去。其特点是采用短刮法（刀痕宽 6～8 mm,长 10～12 mm）,研点分散快。细刮时要朝着一定方向刮,刮完一遍,刮第二遍时要成 45°或 60°方向交叉刮出网纹。当平均研点每 25 mm×25 mm 上为 10～14 点、平面度达到 0.01 mm/500 m^2、表面粗糙度 *Ra* 为 1.6～3.2、并兼顾形位差时,即可结束细刮。

（3）精刮

在细刮的基础上进行精刮,采用小刮刀或带圆弧的精刮刀,刀痕宽约 5～7 mm,或者更短,平均研点每 25 mm×25 mm 上应为 20～25 点,平面度达到 0.01 mm/500 mm^2 以下,表面粗糙度为

Ra0.8~1.6 时结束细刮。常用于检验工具、精密导轨和紧密工具接触面的刮削。

(4) 刮花

刮花的作用一是美观,二是有积存润滑油的功能。一般常见的花纹有:斜花纹、燕形花纹和鱼鳞花纹等。另外,还可通过观察原花纹的完整和消失的情况来判断平面工作后的磨损程度,平面刮花如图 6.2.1 所示。

图 6.2.1　平面刮花

2. 刮削精度的检查

刮削精度的常用刮削研点(接触点)的数目来检查,用在边长为 25 mm 的正方形面积内研点的数目来表示;如果研点数目越多,则精度越高。

一级平面为:5~16 点/25 mm×25 mm。

精密平面为:16~25 点/25 mm×25 mm。

超精密平面为:大于 25 点/25 mm×25 mm。

3. 平面刮削操作方法和步骤

(1) 平面刮削的方法

平面刮削的方法有:① 手推式刮削; ② 挺刮式刮削;③ 拉刮式刮削;④ 肩挺式刮削。常用的平面刮削方法有手推式刮削和挺刮式刮削,如图 6.2.2 所示。

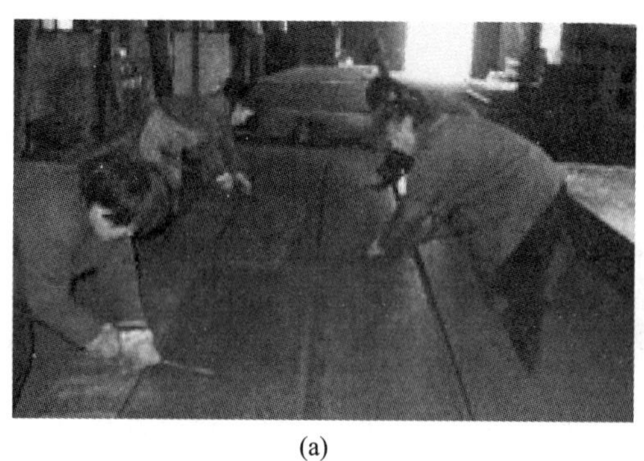

(a)

(b)

图 6.2.2　平面刮削方法

(a)手推式刮削;(b)挺刮式刮削

(2) 平面刮削站姿

平面刮削时,首先要注意正确的站姿。采用挺刮式刮削时的姿势,如图 6.2.3 所示。挺刮式刮削铸铁平板操作时,将平面刮刀刀柄顶住胯骨,双手握住刀具,使平面刮刀与铸铁平板被刮表面形成一定的切削角度并对刀头施加压力,使平面刮刀刀刃贴紧平面。

(3) 平面刮削的步骤

平面刮削的步骤是:

① 擦净刮削表面。刮削前,用棉纱先将工件表面擦干净。

② 涂显示剂。在工件表面均匀涂上一层红丹油(极细的氧化铁或氧化铝与机油的调和剂)。

③ 贴紧推磨。将其与标准平板或平尺贴紧推磨。

图 6.2.3　平面刮研站姿

④ 逐一刮去高点。贴紧推磨后，将工件上显示出的高点用刮刀逐一刮去。

⑤ 用毛刷刷去刮屑。

⑥ 重复步骤②~⑤多次，即可使工件表面的接触点增多，并均匀分布，从而获得较高的形状精度和较小的表面粗糙度值。

如果采用挺刮式刮削铸铁平板时，人的胯骨和腰部给刀柄以推力，使刀刃切入铸铁平板金属表面并使刀刃在深入向前中切去研磨的斑点，然后将双手压力立刻转换为升力，把刀头快速提起，离开铸铁平板表面。完成了挖掘式的刀迹成形切削过程，并刮去一层极薄的金属，如图 6.2.4所示。

(a)

(b)

图 6.2.4　挺刮式刮削平面

6.2.2　曲面刮削

1. 曲面刮削的应用

曲面刮削的应用如图 6.2.5 所示。

2. 曲面刮削的操作方法及步骤

曲面刮削的操作方法及步骤与平面刮削相似，这里不再叙述。

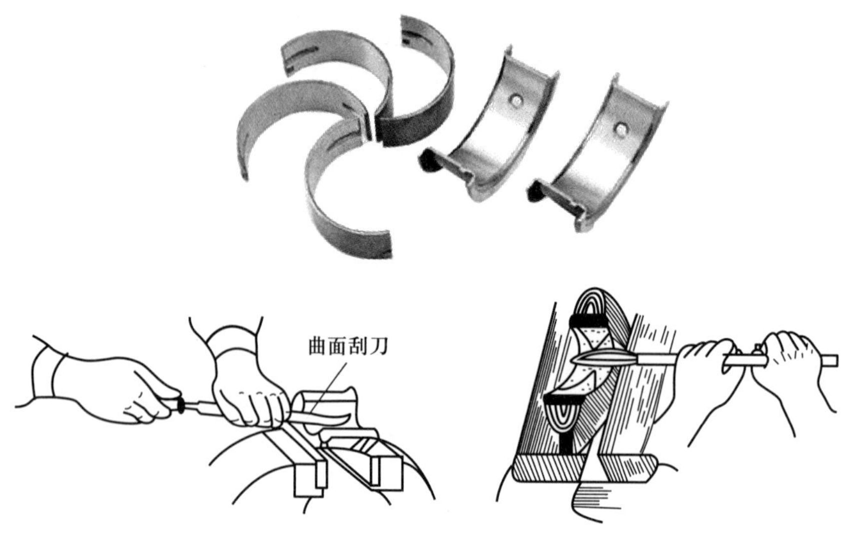

图 6.2.5　曲面刮削

6.2.3　平面研磨

1. 平面研磨方法

研磨方法一般可分为湿研、干研和半干研三类。

（1）湿研

又称敷砂研磨，把液态研磨剂连续加注或涂敷在研磨表面，磨料在工件与研具间不断滑动和滚动，形成切削运动。湿研一般用于粗研磨，所用微粉磨料粒度粗于 W7。

（2）干研

又称嵌砂研磨，把磨料均匀压嵌在研具表面层中，研磨时只需在研具表面涂以少量的硬脂酸混合脂等辅助材料。干研常用于精研磨，所用微粉磨料粒度细于 W7。

（3）半干研

类似湿研，所用研磨剂是糊状研磨膏。研磨既可用手工操作，也可在研磨机上进行。工件在研磨前须先用其他加工方法获得较高的预加工精度，所留研磨余量一般为 5~30 μm。

2. 平面研磨操作步骤

1）研磨前，应先做好平板表面的清洗工作。

2）加上适当的研磨剂，把工件需研磨表面合在平板表面上。

3）采用适当的运动轨迹进行研磨。

3. 平面研磨注意事项

1）正确处理好研磨的运动轨迹是提高研磨质量的重要条件。在平面研磨中，一般要求：

① 工件相对研具的运动，要尽量保证工件上各点的研磨行程长度相近。

② 工件运动轨迹均匀地遍及整个研具表面，以利于研具均匀磨损。

③ 运动轨迹的曲率变化要小，以保证工件运动平稳。

④ 工件上任一点的运动轨迹尽量避免过早出现周期性重复。

如图 6.2.6 所示为常用的平面研磨运动轨迹。

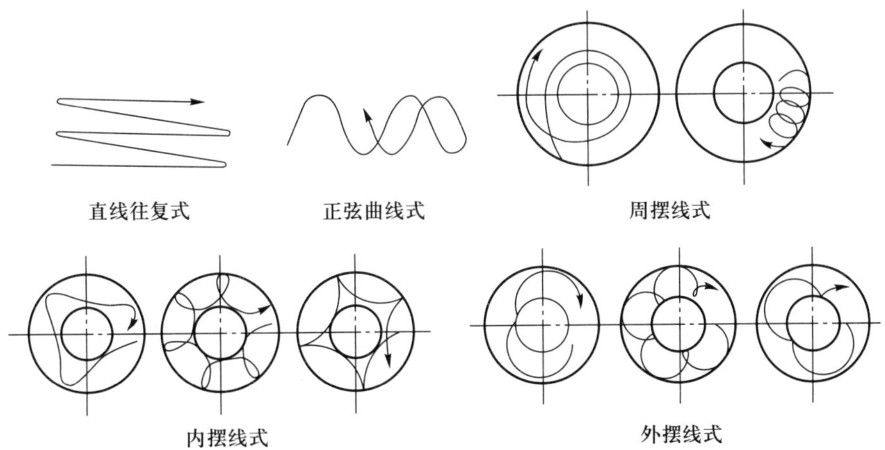

图 6.2.6　常用的平面研磨运动轨迹

2）研磨时压力和速度要适当。为了减少切削热，研磨一般在低压、低速条件下进行。粗研的压力不超过 0.3 MPa，精研压力一般采用 0.03～0.05 MPa。粗研速度一般为 20～120 m/min，精研速度一般取 10～30 m/min。一般在粗研磨或研磨硬度较小工件时，可用较大的压力，较慢速度进行；而在精研磨或对大工件研磨时，就应用较小的压力，较快的速度进行研磨。

3）手工研磨平面时，手持工件作直线往复运动或"8"字形运动。研磨一定时间后，将工件调转 90°～180°，以防工件倾斜。

【讲解与示范】

实训指导师傅给学生讲解与示范平面刮研的操作方法和要领。

【学生动手操作】

学生在实训指导师傅的指导下，动手进行如图 6.2.7 所示平面刮研操作练习。

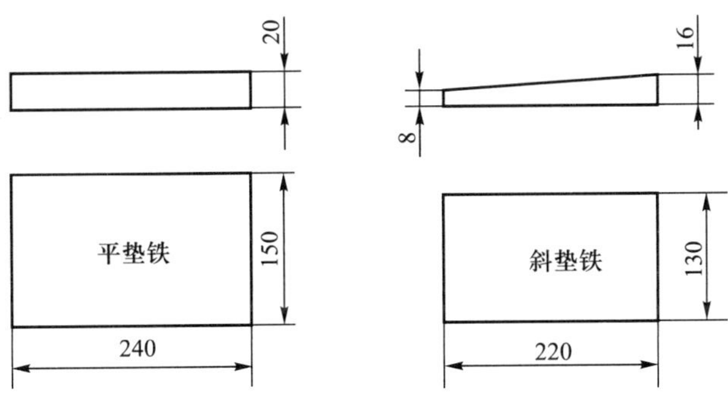

图 6.2.7　平面刮研练习题

项目七　打磨、抛光实训

任务一　打磨、抛光实训入门指导

【任务目标】

1. 了解钳工打磨的概念及应用；掌握打磨安全操作规程。
2. 了解抛光的概念及应用；掌握抛光安全操作规程。
3. 明确本项目的任务和要求。

【相关知识】

7.1.1　打磨

1. 打磨的概念及应用

（1）打磨的概念

钳工打磨是利用角磨机上高速旋转的磨片，在一定压力下对工件表面的凹凸不平、毛刺等进行磨削的操作方法。

（2）打磨的应用

打磨的目的是去除工件表面的凹凸不平、毛刺等，使其变得光滑。打磨在焊缝清理、抛光前的准备工作中，得到了广泛应用，如图 7.1.1 所示。

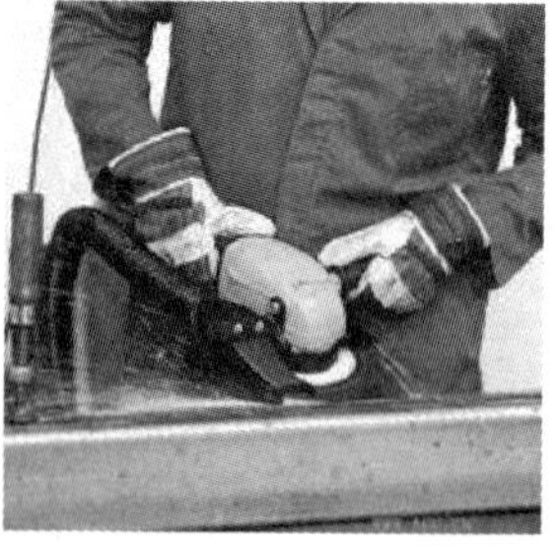

图 7.1.1　打磨的应用

2. 打磨安全操作规程

打磨时必须严格遵守以下安全操作规程：

1）使用角磨机前，应配戴防护眼镜，以防止铁屑、碎渣伤人；长头发者一定要先把头发扎起。

2）使用前应检查砂轮片有无缺口或破损，如果砂轮片（或钢丝刷）磨损严重时，应及时更换；此外，还应认真检查砂轮片是否符合规定，使用的增强纤维树脂砂轮，其安全线速度不得小于 80 m/s，并且该砂轮片的外径不得超过所用工具规定的最大规格；用木槌轻敲砂轮片时不应有破碎声，若所用砂轮片的保存期超过一年，则须先进行回转强度试验，合格后方可使用。

3）砂轮片存放时，不应与酸碱性化学腐蚀品放在一起，以防止砂轮黏结剂发生变化而导致在运转时发生危险。

4）使用前要确认工具所接电源电压符合铭牌的规定值；接通电源时，工具开关应处于“断开”位置，而打开开关之后，要等待砂轮转动稳定后才能工作，在使用中出现严重火花或漏电现象时，应停止使用。

5）使用时前方禁止站人，以防止火花烫伤，造成人身伤害，因此应将火星朝向无人无设备的一边，并搞好防火安全措施。

6）严禁将切割机作为砂轮机使用。

7）角磨连续工作半小时后，要停十五分钟再工作，以防止发生过载，温度上升而烧毁电机。

8）使用时不能用手拿住小零件在角磨机上进行加工。

9）使用完毕后应及时关闭开关，切断电源；并且自觉清洁工作场所。

7.1.2 抛光

1. 抛光的概念及应用

（1）抛光的概念

抛光是指利用机械、化学或电化学的作用，使工件表面粗糙度降低，以获得光亮、平整表面的加工方法。抛光是利用抛光工具和磨料颗粒或其他抛光介质对工件表面进行的修饰加工。

（2）抛光的分类及其特点

按照抛光原理分，抛光可分为机械抛光、化学抛光、电化学抛光。

1）机械抛光　机械抛光是靠切削、材料表面塑性变形去掉被抛光面的凸起部位而得到平滑面的抛光方法，一般使用油石条、羊毛轮、砂纸等，以手工操作为主，特殊零件如回转体表面，可使用转台等辅助工具，表面质量要求高的可采用超精研抛的方法。超精研抛是采用特制的磨具，在含有磨料的研抛液中，紧压在工件被加工表面上，作高速旋转运动。利用该技术可以使表面粗糙度 Ra 达到 0.008 μm，是各种抛光方法中最高的。光学镜片模具常采用这种方法。

2）化学抛光　是通过有规则溶解使金属表面达到光亮平滑。在化学抛光过程中，钢铁零件表面不断形成钝化氧化膜和氧化膜不断溶解，且前者要强于后者。由于零件表面微观的不一致性，表面微观凸起部位优先溶解，且溶解速率大于凹下部位的溶解速率；而且膜的溶解和膜的形成始终同时进行，只是其速率有差异，结果使钢铁零件表面粗糙度得以降低，从而获得平滑光亮的表面。

3）电化学抛光　也称电解抛光，是以被抛工件为阳极，不溶性金属为阴极，两极同时浸入电解槽中，通以直流电而产生有选择性的阳极溶解，从而使工件表面光亮度增大，达到镜面效果。

（3）抛光的应用

抛光不能提高工件的尺寸精度或几何形状精度，而是以得到光滑表面或镜面光泽为目的，有时也用以消除光泽(消光)。抛光可以填充表面毛孔、划痕以及其他表面缺陷,从而提高疲劳阻力、腐蚀阻力。抛光的应用如图 7.1.2 所示。

图 7.1.2 抛光的应用

2. 抛光安全操作规程

1) 使用前,应检查电线、插头、插座是否绝缘、完好。

2) 正确使用抛光机,注意检查磨块是否有缺损,松动现象。

3) 严禁用油手、湿手等从事磨光机工作,以免触电伤人。

4) 严禁在防火区域内使用,必要时,必须经安保部门批准方可。

5) 不准私自拆卸抛光机,注意日常维护、使用管理。

6) 抛光机电源线不得私自改接,磨光机电源线不得长于 5 米。

7) 抛光机防护罩破损、损坏不准使用。禁止拆掉防护罩抛光工件。

8) 定期进行绝缘检测。

任务二 打磨实训及其考核

【任务目标】

1. 了解打磨工器具的种类、结构和用途,懂得其使用方法。
2. 掌握打磨操作方法和要领。

【相关知识】

7.2.1 打磨工具

打磨工器具主要有电动角磨机和角磨片。

1. 电动角磨机

(1) 电动角磨机的结构原理及类型

电动角磨机主要由电动机、带轮、皮带、轴承箱、快速接头、软轴、磨头箱、砂轮片、磨头把手等部件组成。电动机通过皮带带动传动机构驱动软轴快速旋转,然后由软轴带动砂轮片旋转进行工作。

电动角磨机的种类较多,常见的电动角磨机外形如图 7.2.1 所示。

图 7.2.1　常见角磨机

(2) 电动角磨机的特点和应用

角磨机是一种主要用于型材下料、玻璃钢切削和打磨的磨具;其结构比较简单,操作灵活、方便,工作效率高,使用寿命长,生产成本低。轻便型多用角磨机适合去毛刺及打磨。

(3) 电动角磨机的使用方法

采用角磨机打磨操作方法如图 7.2.2 所示。使用角磨机时,特别注意:

图 7.2.2　采用角磨机打磨方法

① 非专业人员不得擅自拆修。

② 一般情况下,若连续操作角磨机时,电动机的发热温度可超过室温,并且当温度达到 85℃时也不会损坏;但如果超过此温度,则易烧毁电动机。为了避免角磨机过热,此时可通过风扇来冷却。风扇固定在电动机主轴上并以相同速度转动,冷却空气由电动机里面或外面的各个通道来引导,电动机转动越快,冷却空气就越多。长期使用后,机器应在空载速度下运行一较短的时间,以便冷却电机;当电动机产生的热量不能充分由冷却风扇排出时,就会发生过载,温度上升直到电动机烧毁。

③ 使用角磨机时,应先将其空载试运行一下后,再接触被加工的工件;严禁在角磨机已经与工件接触的状态下直接启动角磨机进行作业。

④ 使用中应自始至终戴妥防护目镜并穿着合适的工作服。

⑤ 严禁在拆除砂轮防护罩的情况下使用磨光机。

⑥ 若移动角磨机时,切勿用手提拉电源线,亦不得用手拉电源线的方式将角磨机从插座拔下,这样做可能造成电源线折断,产生危险。

⑦ 角磨机出现故障需检修或需要更换任何零件时,均应在插头自电源插座拔下的状态进行。

（4）角磨机的日常维护与保养

为了确保角磨机的操作安全，延长其使用寿命，必须注意其日常维护与保养工作，具体包括以下工作：

① 经常检查电源线连接是否牢固，插头是否松动，开关动作是否灵活可靠。

② 检查电刷是否磨损过短，如果电刷磨损过短要及时更换电刷，以防因电刷接触不良而造成火花过大或烧毁电枢。

③ 注意检查工具的进、出风口，确保其没有堵塞，并清除工具任何部位的油污与灰尘。

④ 应及时添加润滑脂。

⑤ 角磨机发生故障时，应送生产厂家或指定的维修处检修；如因不正常使用或人为错拆误修而造成的角磨机损坏，生产厂家是不予免费修理或调换的。

2. 角磨片

角磨片与砂轮作用相似，角磨片是在工作中主要起切割和打磨作用的磨片，而砂轮片在工作中主要起切割作用；它们分别是电动角磨机和砂轮切割机上的重要组成部分之一。角磨片结构外形如图 7.2.3 所示。

图 7.2.3 常用磨片

根据用途不同，角磨片可分为切削普通金属磨片、切削不锈钢的磨片和切削其他材料的磨片。若按照材料分，则有树脂角磨片和棕刚玉磨片。进口超薄切割片主要适用于贵重金属切割，也可切割、开槽刀口较小的薄壁工件。

7.2.2 打磨操作方法和要领

在制造行业中，例如：船舶制造、机械制造、建筑建材行业等都有打磨这道工序。对于焊接件，打磨的质量关系到产品焊接处的质量；当然还有产品的外观质量，对产品质量的意义很大。因此，在打磨时必须正确使用磨具，确保使用安全。打磨焊点时应按花形打磨，注意边角和冲孔毛刺打磨到位，注意角磨力度，以打磨表面平整，花形圆滑为标准，不伤平滑表面。有锈斑和粉末的表面，要用钢丝轮整体除锈清理干净。

【讲解与示范】

实训指导师傅给学生讲解与示范平面打磨的操作方法和要领。

【学生动手操作】

学生在实训指导师傅的指导下，动手进行平面打磨操作练习。

任务三　抛光实训及其考核

【任务目标】

1. 了解抛光器具的种类、结构和用途,懂得其使用方法。
2. 掌握抛光操作方法和要领。

【相关知识】

7.3.1　抛光工具

1. 抛光机

抛光中使用的工具主要有抛光机和各种形状的抛光轮。常用抛光机结构外形如图 7.3.1 所示。抛光机使用过程中,要时刻注意机器动作是否正常,抛光机要定期养护和维修,必要时停机维修或报废。

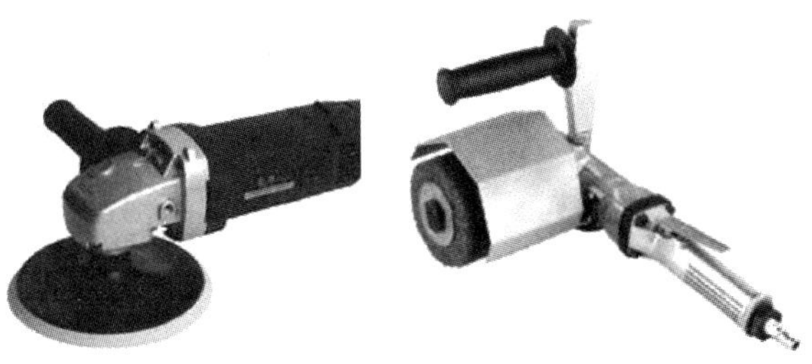

图 7.3.1　常用抛光机

2. 抛光轮

抛光通常以抛光轮作为抛光工具。抛光轮一般用多层帆布、毛毡或皮革叠制而成,两侧用金属圆板夹紧,其轮缘涂敷有微粉磨料和油脂等均匀混合而成的抛光剂。

1) 百叶轮　是千叶轮的一种简化产品,主要适用于工业生产中的打磨抛光,也是属于工业耗材产品的一种。叶轮基体有网布、尼龙、塑料、钢纸等,页片多少不等,呈圆形均匀分布。粒度为 36#~400#,以 60#、80#最常见,外径 4″-7″装于角向磨光机,用于焊缝、正边毛刺的打磨及修磨加工,其结构外形如图 7.3.2a 所示。

2) 抛光布轮　采用多层帆布叠制而成,两侧用金属圆板夹紧,用于零件表面的精抛,其结构外形如图 7.3.2 b 所示。

7.3.2　抛光方法及操作要领

1. 抛光方法及其选择

抛光时,高速旋转的抛光轮(圆周速度在 20 m/s 以上)压向工件,使磨料对工件表面产生滚压和微量切削,从而获得光亮的加工表面,表面粗糙度 Ra 一般可达 0.63~0.01 μm。当采用非

(a)

(b)

图 7.3.2 常用抛光轮

(a)百叶轮;(b)抛光布轮

油脂性的消光抛光剂时,可对光亮表面消光以改善外观。工件材料不同,则需选择不同的抛光方法。抛光通常以抛光轮作为抛光工具。

(1) 不锈钢电解抛光

不锈钢材料可采用电解抛光。由于抛光工艺成熟,生产效率高,数分钟内可抛光至镜面光亮,且抛光深度强,抛光后光泽保持长久不变。抛光电流密度小,电压低,较一般传统抛光液可节约一半以上的用电量,抛光液性能稳定,24 小时连续工作可保用一年以上,生产成本低廉,药液容易维护管理。

(2) 铜化学抛光

铜化学抛光是将铜及其合金浸入铜化学抛光液中,使其表面与药液进行的一种环保型化学反应抛光工艺。采用铜化学抛光液,可适用于所有铜的化学抛光及表面光亮处理,能快速有效去除铜表面的氧化物、毛刺、污迹等,抛光后铜件表面非常光滑、亮泽,尽显铜本色,甚至可以使铜表面产生镜面反射。铜化学抛光液使用简单方便,只需要常温浸泡,操作安全、无有害气体逸出,是铜及其合金表面处理最为理想的抛光工艺。

2. 机械抛光操作要领

(1) 机械抛光一般过程

要想获得高质量的抛光效果,最重要的是要具备高质量的油石、砂纸和钻石研磨膏等抛光工具和辅助品。而抛光程序的选择取决于前期加工后的表面状况,如机械加工、电火花加工、研磨加工等。这里以模具机械抛光为例,说明其一般过程。

1) 粗抛　经切削、电火花、研磨等工艺后的表面,可以选择转速在 35 000~40 000 rpm 的旋转表面抛光机或超声波研磨机进行抛光。常用的方法有利用直径 ϕ3 mm、WA400 的轮子去除白色电火花层,然后用手工油石研磨,条状油石加煤油作为润滑剂或冷却剂。一般使用抛光轮粒度依次为:180#→240#→320#→400#→600#→800#→1 000#,许多模具制造商为了节约时间而选择从 400#开始。

2) 半精抛　半精抛主要使用砂纸和煤油。砂纸的号数依次为:400#→600#→800#→1 000#→1 200#→500#。实际上 500#砂纸只用适于淬硬的模具钢(52HRC 以上),而不适用于预硬钢,因为这样可能会导致预硬钢件表面烧伤。

3) 精抛　精抛主要使用钻石研磨膏。若用抛光布轮混合钻石研磨粉或研磨膏进行研磨,则通常研磨使用的抛光轮粒度顺序是 1 800#→3 000#→8 000#。1 800#的钻石研磨膏和抛光布轮可用来去除 1 200#和 1 500#砂纸留下的发状磨痕。接着用粘毡和钻石研磨膏进行抛光，使用的抛光轮粒度依次为 14 000#→1/2 60 000#→1/4 100 000#。

（2）机械抛光中要注意的问题

1）用砂纸抛光应注意的问题

① 用砂纸抛光需要利用软的木棒或竹棒。在抛光圆面或球面时，使用软木棒可更好的配合圆面和球面的弧度。而较硬的木条如樱桃木，则更适用于平整表面的抛光。修整木条的末端使其能与钢件表面形状保持吻合，这样可以避免木条（或竹条）的锐角接触钢件表面而造成较深的划痕。

② 当换用不同型号的砂纸时，抛光方向应变换 45°～90°，这样前一种型号砂纸抛光后留下的条纹阴影即可分辨出来。在换不同型号砂纸之前，必须用 100%纯棉花沾取酒精之类的清洁液对抛光表面进行仔细的擦拭，因为一颗很小的沙砾留在表面都会毁坏接下去的整个抛光工作。从砂纸抛光换成钻石研磨膏抛光时，这个清洁过程同样重要。在抛光继续进行之前，所有颗粒和煤油都必须被完全清除干净。

③ 为了避免擦伤和烧伤工件表面，在用 200#和 500#砂纸进行抛光时必须特别小心。因而有必要施加一个轻载荷以及采用两步抛光法对表面进行抛光。用每一种型号的砂纸进行抛光时都应沿两个不同方向进行两次抛光，两个方向之间每次转动 45°～90°。

2）钻石研磨抛光应注意的问题

① 这种抛光必须尽量在较轻的压力下进行，特别是抛光预硬钢件和用细研磨膏抛光时。在用 8 000#研磨膏抛光时，常用载荷为 100～200 g/cm^2，但要保持此载荷的精准度是很难做到的。为了更容易做到这一点，可以在木条上做一个薄且窄的手柄，比如加一铜片；或者在竹条上切去一部分而使其更加柔软。这样可以帮助控制抛光压力，以确保模具表面压力不会过高。

② 当使用钻石研磨抛光时，不仅工作表面要求洁净，工作者的双手也必须保持清洁。

③ 每次抛光时间不应过长，时间越短，效果越好。如果抛光过程进行得过长将会造成“橘皮”和“点蚀”。

④ 为获得高质量的抛光效果，容易发热的抛光方法和工具都应避免。比如抛光轮抛光，抛光轮产生的热量很容易造成“橘皮”。

⑤ 当抛光过程停止时，保证工件表面洁净和仔细去除所有研磨剂和润滑剂非常重要，随后应在表面喷淋一层模具防锈涂层。

由于机械抛光主要还是靠人工完成，所以抛光技术目前还是影响抛光质量的主要因素。除此之外，还与模具材料、抛光前的表面状况、热处理工艺等有关。优质的钢材是获得良好抛光质量的前提条件，如果钢材表面硬度不均或特性上有差异，往往会产生抛光困难。钢材中的各种夹杂物和气孔都不利于抛光。

【讲解与示范】

实训指导师傅给学生讲解与示范平面机械抛光的操作方法和要领。

【学生动手操作】

学生在实训指导师傅的指导下，动手进行平面机械抛光操作练习。

项目八　钻 削 实 训

任务一　钻削实训入门指导

【任务目标】

1. 了解钻削的概念、特点及应用。
2. 了解钻削工器具的种类、结构和用途，懂得其使用方法。
3. 明确本项目的任务和要求。

【相关知识】

8.1.1　钻削的概念、特点及应用

钻削是孔加工的一种基本方法。钳工钻削是利用钻头、扩孔钻、铰刀等刀具，在钻床上或者利用手电钻对工件孔加工的操作方法。钻削是钳工实训基本技能操作之一。

在各类机器零件上经常需要进行钻孔，因此钻削的应用还是很广泛的，但是由于钻削的精度较低，表面较粗糙，一般加工精度在 IT10 以下，表面粗糙度 Ra 值大于 12.5 μm，生产效率也比较低。因此，钻孔主要用于粗加工，例如精度和粗糙度要求不高的螺钉孔、油孔和螺纹底孔等。但精度和粗糙度要求较高的孔，也要以钻孔作为预加工工序。钳工钻削实训主要针对工件上的小孔加工。

8.1.2　钻削设备及机具

钳工钻削实训的主要设备是台式钻床，其次是手电钻。台式钻床的结构在前面已经介绍。这里主要介绍手电钻。

1. 手电钻

手电钻是利用小功率电动机做动力的钻孔机具，它是电动工具中的常规产品。图 8.1.1 所示为不同类型的手电钻结构外形。主要用于 10 mm 以下的孔加工。

（1）手电钻的规格

手电钻主要规格有 4 mm、6 mm、8 mm、10 mm 等，数字表示在抗拉强度为 390 N/mm^2 的钢材上钻孔时钻头的最大直径，也即最大钻孔直径。但是，对于有色金属、塑料等材料，其最大钻孔直径可比原规格大 30%～50%。

（2）手电钻的主要配件

钻夹头是电钻类电动工具的主要配件，它占电钻成本的 10%～15%。常见的是钥匙钻夹头，

图 8.1.1　不同类型的手电钻

目前轻型、手紧、自紧式钻夹头的开发与生产也取得了显著成效。高性能、自锁钻夹头具有高精度、高技术含量、高附加值和高效益等特点，主要与专业类电动工具中功率在 850 W 以上的冲击电钻和电压为 24 V 的直流冲击电钻配套。

由于电动工具的质量性能在提高，要求在振动、冲击场合下能可靠地进行钻孔作业，因此，要求配套的钻夹头必须具有锁紧功能，以保证电钻在使用中所夹持的钻头等工具不松脱。

(3) 手电钻的选用

① 电钻头尺寸的选择　随着电钻头尺寸的增大，其价格也会随之增高，钣金制作中钻头直径一般为 10 mm 就能满足使用。

② 电钻附加功能选择　有些型号的电钻还会有一些附加功能，例如，型号代码中有 R 的表示钻头可以正反转，其好处就是当正转不行时，可转换为反转；型号代码中有 E 的表示电钻可以调速，当不需要高速率时可调至低速运行。

(4) 手电钻的保养

电钻由于要通风散热，如果长期使用，其内部灰尘极多，而灰尘会使齿轮及轴承（滑套）上的润滑油混杂、变质、吸干而导致磨损加剧。为保障电钻的旋转精度，减少因为轴承（滑套）磨损而产生过大的间隙，故需要保持手电钻内部清洁并在其内部加脂润滑。

2. 钻削刀具

钳工钻削实训刀具主要有钻头、扩孔钻、铰刀、中心钻等刀具。

(1) 钻头

钻头也称为麻花钻，是在实体材料上进行孔加工的刀具；标准麻花钻可分为直柄麻花钻头和锥柄麻花钻头，其外形如图 8.1.2 所示。

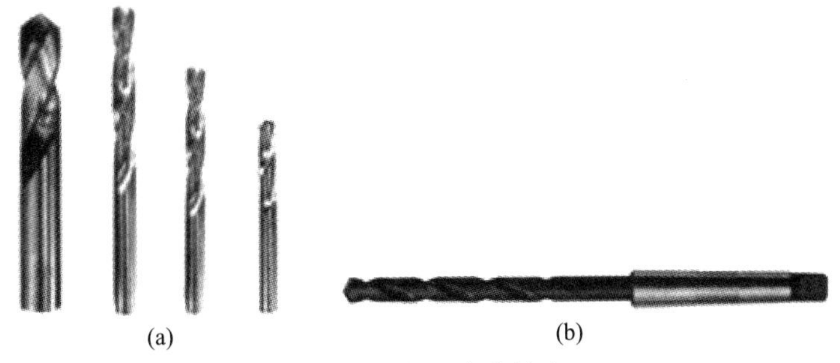

图 8.1.2　标准麻花钻头

(a) 直柄麻花钻；(b) 锥柄麻花钻

(2) 扩孔钻

扩孔钻是将钻孔、铸造、锻造、焊接出的底孔孔径扩大的孔加工的刀具；扩孔钻可分为直柄扩孔钻和锥柄扩孔钻，其外形如图 8.1.3 所示。

(a) (b)

图 8.1.3 扩孔钻

(a) 直柄扩孔钻；(b) 锥柄扩孔钻

(3) 中心钻　中心钻是用于孔加工的预制精确定位，引导麻花钻进行孔加工，以减少误差的刀具；中心钻也是轴类等零件端面上的中心孔加工刀具。中心钻的外形如图 8.1.4 a 所示。常见的中心钻有 A 型(不带护锥)、B 型(带护锥)，如图 8.1.4b、c 所示。

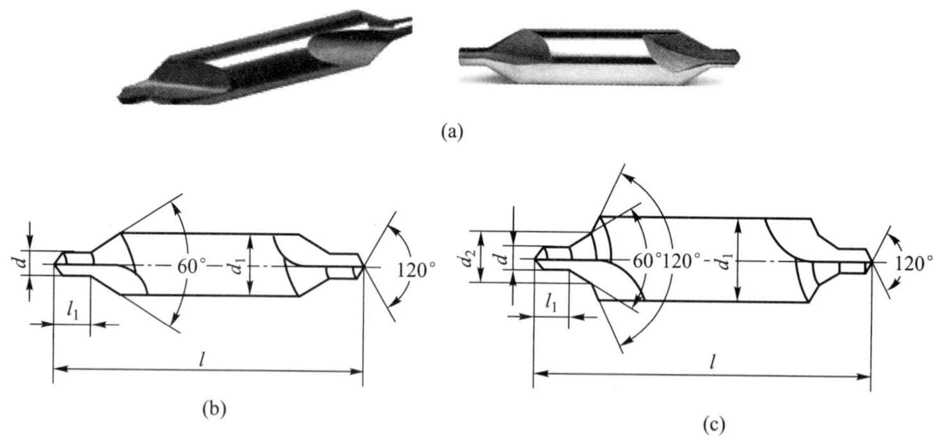

(a)

(b) (c)

图 8.1.4 中心钻

(a) 中心钻外形；(b) A 型中心钻；(c) B 型中心钻

(4) 铰刀

铰刀是将钻孔或扩孔后的未淬硬底孔进行精加工的刀具；铰刀有手用铰刀和机用铰刀两种，其外形如图 8.1.5 所示。

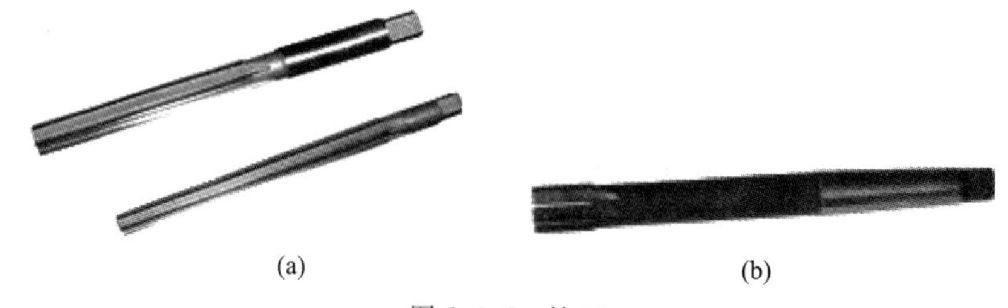
(a) (b)

图 8.1.5 铰刀

(a) 手用铰刀；(b) 机用铰刀

3. 钻削加工辅具

钻削加工辅具主要有钻夹头与过渡套,它们都属于夹持钻具的机床附件,即辅具。

常见的辅具有钥匙钻夹头、手紧钻夹头、自紧式钻夹头和莫氏钻头套筒,其外形如图 8.1.6 所示。

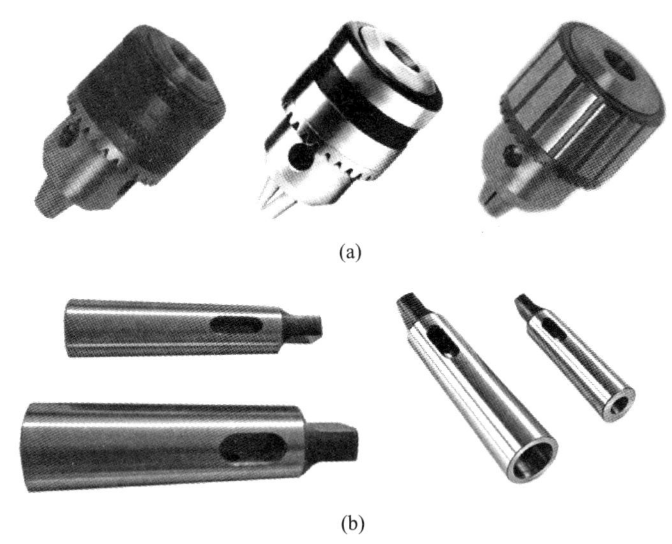

(a)

(b)

图 8.1.6　钻夹头与过渡套

(a)各种钻夹头;(b)莫氏钻头套筒

8.1.3　本项目的任务和要求

本项目的主要任务是钻孔和铰孔操作训练,重点是钻孔。因此,要求熟练掌握钻孔方法及其操作要领。

【讲解与示范】

实训指导师傅给学生讲解与示范手电钻、钻削刀具和钻削辅具结构及其用途。

【学生动手操作】

学生在实训指导师傅的指导下,动手进行手电钻、钻削刀具和钻削辅具结构认识练习。

任务二　钻孔与铰孔实训及其考核

【任务目标】

1. 了解钻孔的概念、特点及应用;掌握钻孔方法及其操作要领。
2. 了解铰孔的概念、特点及应用;懂得铰孔方法及其操作要领。

【相关知识】

8.2.1　钻孔

1. 钻孔的概念、特点及应用

用钻头在实体材料上加工孔的方法叫钻孔。钻孔的特点是：

1）钻头转速高。

2）摩擦严重、散热困难、热量多、切削温度高。

3）切削量大、排屑困难、易产生振动。

4）钻头的刚性和精度都较差，故钻削加工精度低，一般尺寸精度为 IT11 ~ IT10，粗糙度 *Ra* 为 25 ~ 100 μm。

钳工钻孔实训主要针对 10 mm 以下的孔加工。

2. 钻孔机床及其切削运动

钳工钻孔实训主要在台钻上进行。台钻是一种在工作台上作用的小型钻床，其外形如图 8.2.1 所示。

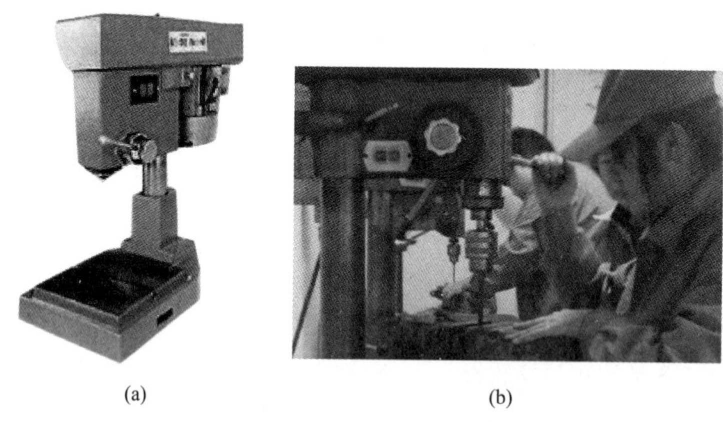

(a)　　(b)

图 8.2.1　台式钻床及其使用

(a) 台式钻床；(b) 台式钻床使用

钻孔的切削运动包括主运动和进给运动。

① 主运动　主轴的旋转（将切屑切下所需的运动）。

② 进给运动　钻头沿轴向的直线运动（使被切削金属不断投入切削的运动）。

3. 钻孔刀具

钻头是钻孔用的切削工具，常用高速钢制造，工作部分经热处理淬硬至 62 ~ 65HRC。麻花钻有直柄和锥柄麻花钻，如图 8.2.2 所示。

（1）麻花钻的结构组成

麻花钻一般由柄部、颈部及工作部分组成，其结构外形如图 8.2.3 所示。

1）柄部　是钻头的夹持部分，起传递动力的作用，柄部有直柄和锥柄两种，直柄传递扭矩较小，一般用在直径小于 12 mm 的钻头；锥柄可传递较大扭矩（主要是靠柄的扁尾部分），用在直径大于 12 mm 的钻头。

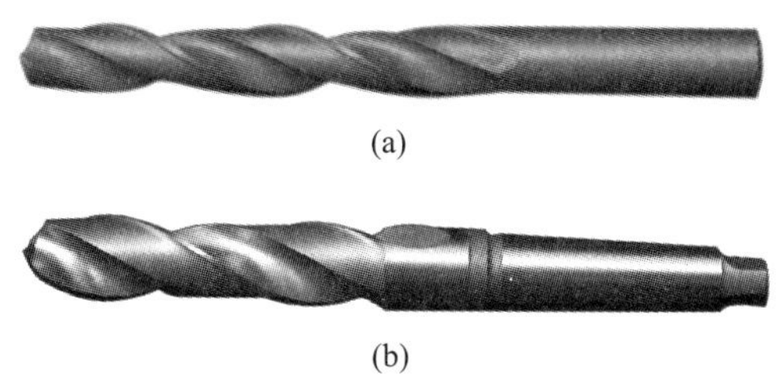
(a)
(b)

图 8.2.2　钻头(麻花钻)
(a)直柄;(b)锥柄

2）颈部　是砂轮磨削钻头时退刀用的,钻头的直径大小等一般也刻在颈部。

3）工作部分　包括导向部分和切削部分。导向部分有两条狭长、螺纹形状的刃带(棱边亦即副切削刃)和螺旋槽。棱边的作用是引导钻头和修光孔壁;两条对称螺旋槽的作用是排除切屑和输送切削液(冷却液)。切削部分结构如图 8.2.3 所示,它有两条主切屑刃和一条横刃。两条主切屑刃之间的夹角通常为 118°±2°,称为顶角。横刃的存在使锉削时轴向力增加。

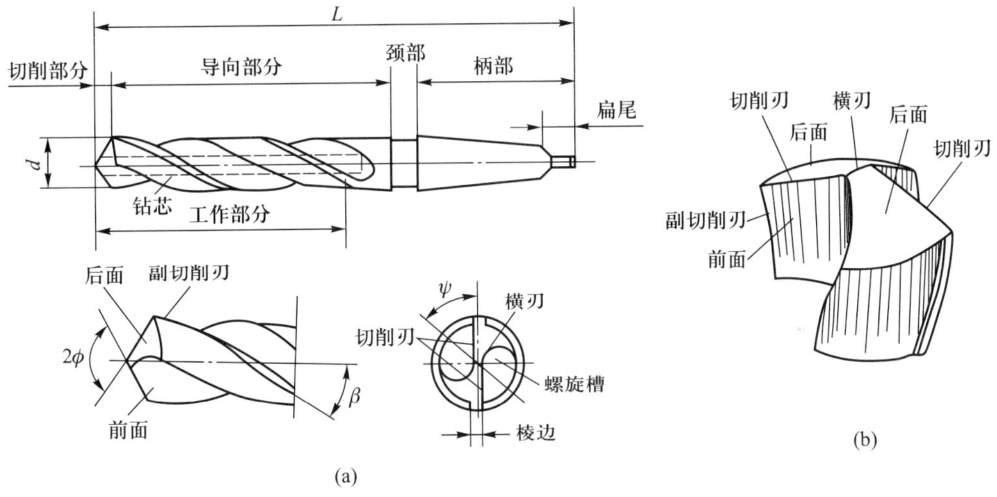

图 8.2.3　麻花钻的结构组成

(2) 麻花钻的特点

① 主切削刃上各点前角数值变化很大,影响钻孔精度与钻头耐用度。

② 大直径钻头主切削刃较长,各点线速度不等,钻塑性材料时切屑宽、卷不紧、占空间大,排屑与冷却困难。

③ 横刃太长,横刃处前角是较大的负值,所以钻芯处切削条件很差,轴向抗力大。

④ 棱边处无副后角,该点切削速度最高,与孔壁摩擦大。

(3) 麻花钻的刃磨、修磨

由于麻花钻具有上述特点,使用中需要刃磨和修磨,麻花钻的刃磨如图 8.2.4 所示。

麻花钻的修磨如图 8.2.5 所示。

1）修磨横刃　在保持钻尖强度的前提下,尽可能增大钻尖部分的前角、缩短横刃的长度,

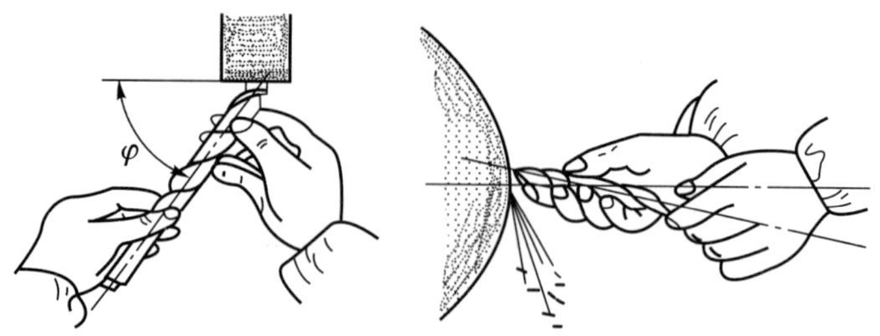

图 8.2.4　麻花钻的刃磨

降低进给力,提高钻尖定心能力。

两种较好的修磨形式:① 加大横刃前角;② 磨短横刃并加大前角。

2）修磨主切削刃　改变刃形或顶角,以增大前角,控制分屑、断屑。

3）修磨前面　增大或减小前角,改变前角分布,改变刃倾角。

4）修磨刃带　增大副后角,增大钻槽容屑空间,改善冷却。

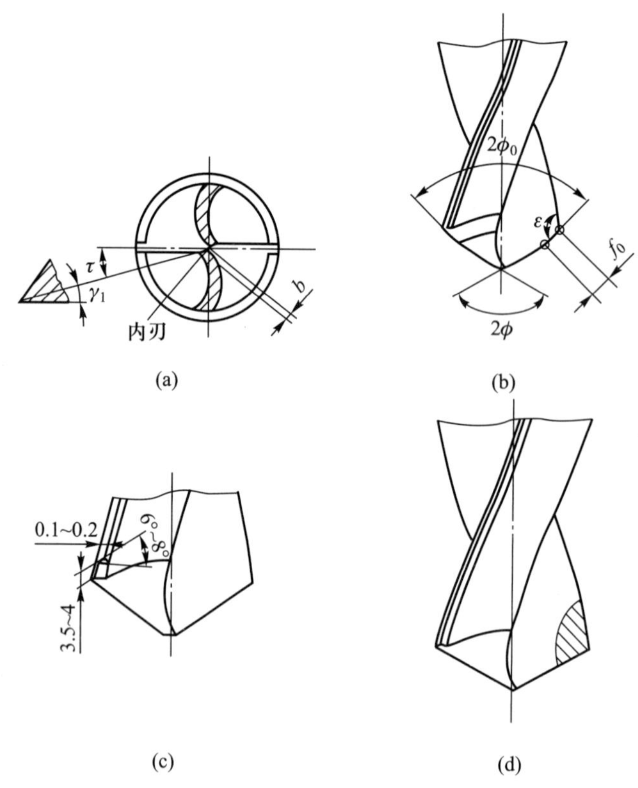

图 8.2.5　麻花钻的修磨

(a)修磨横刃;(b)修磨主切削刃;(c)修磨棱边;(d)修磨前刀面

4. 钻孔操作方法和要领

(1) 准确划线

钻孔前,首先应熟悉图样要求,加工好工件的基准,如图 8.2.6 所示。一般基准的平面度≤

0. 04 mm，相邻基准的垂直度≤0. 04 mm。按钻孔的位置尺寸要求，使用高度尺划出孔位置的十字中心线，要求线条清晰准确；线条越细，精度越高。由于划线的线条总有一定的宽度，而且划线的一般精度可达到 0. 25～0. 5 mm，所以划完线以后要使用游标卡尺或钢板尺进行检验；若对于划线后检验做的不够，拿着划错线的工件进行钻孔，则保证不了孔的位置精度。

图 8. 2. 6　准确划线

（2）划检验方格或检验圆

划完线并检验合格后，还应划出以孔中心线为对称中心的检验方格或检验圆，作为试钻孔时的检查线，以便钻孔时检查和找正钻孔位置，一般可以划出几个大小不一的检验方格或检验圆，小检验方格或检验圆略大于钻头横刃，大的检验方格或检验圆略大于钻头直径。

（3）打样冲眼

划出相应的检验方格或检验圆后应认真打样冲眼。先打一小点，在十字中心线的不同方向仔细观察，样冲眼是否打在十字中心线的交叉点上，最后把样冲眼用力打正、打圆、打大，以便准确落钻定心。

（4）钻头的装卸

钻头的装卸如图 8. 2. 7 所示。

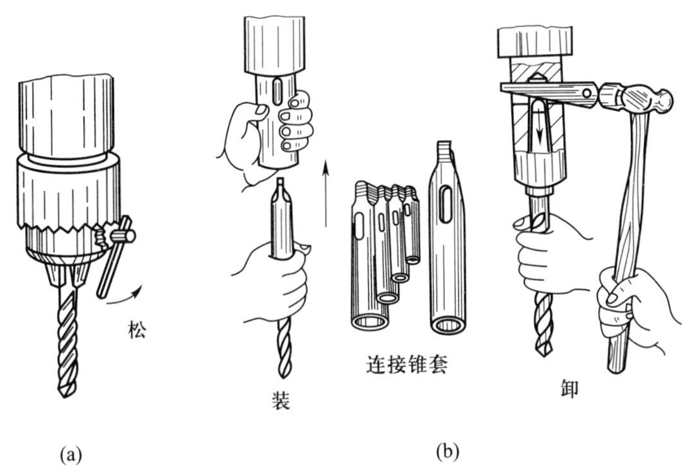

图 8. 2. 7　钻头的装卸

（a）直柄钻头的装卸；（b）锥柄钻头的装卸

（5）工件装夹

擦拭干净机床台面、夹具表面、工件基准面，将工件夹紧，要求装夹平整、牢靠，便于观察和测量。应注意工件的装夹方式，以防工件因装夹而变形。工件的装夹方法如图 8. 2. 8 所示。

（6）切削用量的确定

切削用量包括钻床转速的选择、进给量的选择和切削深度的选择。

(a)

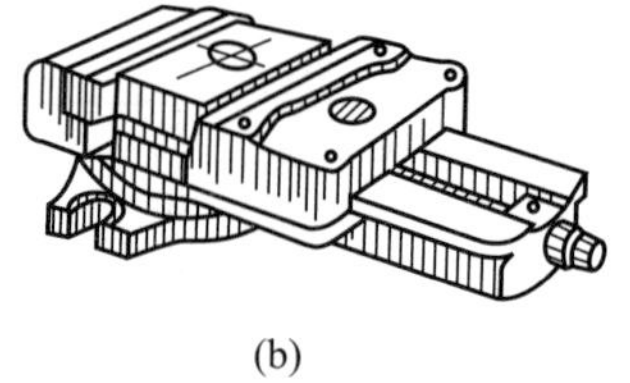

(b)

(c)　(d)　(e)

图 8.2.8　工件的装夹方法

（7）试钻

钻孔前必须先试钻。试钻时使钻头横刃对准孔中心样冲眼钻出一浅坑,然后目测该浅坑位置是否正确,并要不断纠偏,使浅坑与检验圆同轴。如果偏离较小,可在起钻的同时用力将工件向偏离的反方向推移,达到逐步校正。如果偏离过多,可以在偏离的反方向打几个样冲眼或用錾子錾出几条槽,这样做的目的是减少该部位切削阻力,从而在切削过程中使钻头产生偏离,调整钻头中心和孔中心的位置。试钻切去錾出的槽,再加深浅坑,直至浅坑和检验方格或检验圆重合后,达到修正的目的再将孔钻出。

试钻注意:无论采用什么方法修正偏离,都必须在锥坑外圆小于钻头直径之前完成。如果不能完成,在条件允许的情况下,还可以在背面重新划线重复上述操作。

（8）钻孔

钳工钻孔一般以手动进给操作为主,当试钻达到钻孔位置精度要求后,即可进行钻孔。手动进给时,进给力不应使钻头产生弯曲现象,以免孔轴线歪斜。钻小直径孔或深孔时,要经常退钻排屑,以免切屑阻塞而扭断钻头,一般在钻孔深度达到直径的 3 倍时,一定要退钻排屑。此后,每钻进一些就应退屑,并注意冷却润滑,钻孔的表面粗糙度值要求很小时,还可以选用 3%~5%乳化液、7%硫化乳化液等起润滑作用的冷却润滑液。

钻孔将要钻透时,手动进给用力必须减小,以防进给量突然过大、增大切削抗力,造成钻头折断或使工件随着钻头转动造成事故。

8.2.2　铰孔

1. 铰孔的概念、特点及应用

铰孔是用铰刀从工件壁上切除微量金属层,以提高孔的尺寸精度和表面质量的加工方法,如图 8.2.9 所示。

铰孔是应用较普遍的孔的精加工方法之一,其加工精度可达 IT7~IT6,表面粗糙度 Ra 为 0.4~0.8 μm。铰刀是多刃切削刀具,有 6~12 个切削刃和较小顶角。铰孔时导向性好,铰刀刀齿的齿槽很宽,铰刀的横截面大,因此刚性好。铰孔时因为余量很小,每个切削刃上的负荷远小

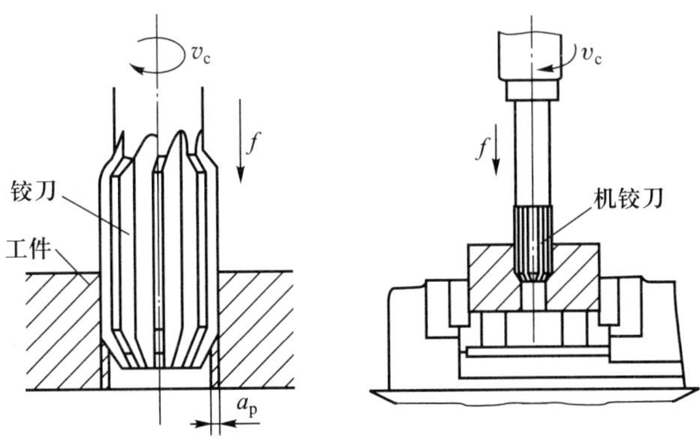

图 8.2.9　铰孔

于扩孔钻，且切削刃的前角 $\gamma_0=0°$，所以铰削过程实际上是修刮过程。特别是手工铰孔时，切削速度很低，不会受到切削热和振动的影响，因此孔加工的质量较高。

2. 铰刀

铰刀按使用方法分为手用铰刀和机用铰刀两种。手用铰刀的顶角较机用铰刀小，其柄为直柄（机用铰刀为锥柄）。铰刀的工作部分由切削部分和修光部分所组成。

1）整体式圆柱铰刀　如图 8.2.10 所示。

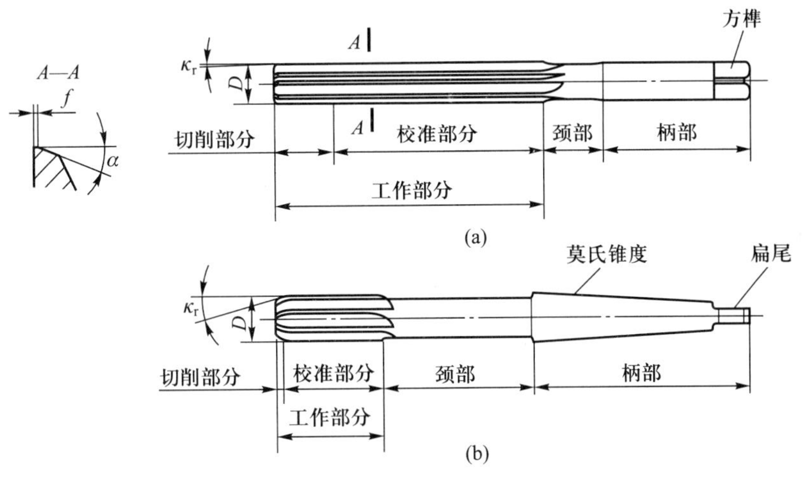

图 8.2.10　整体式圆柱铰刀

2）手用可调节式圆柱铰刀　如图 8.2.11 所示。

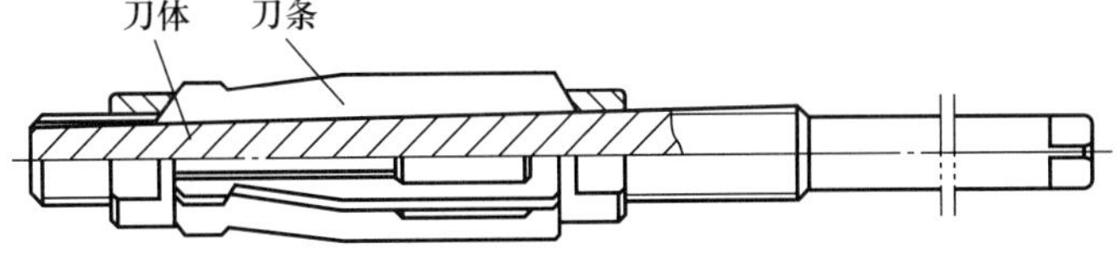

图 8.2.11　手用可调节式圆柱铰刀

3）螺旋槽手铰刀　如图 8.2.12 所示。

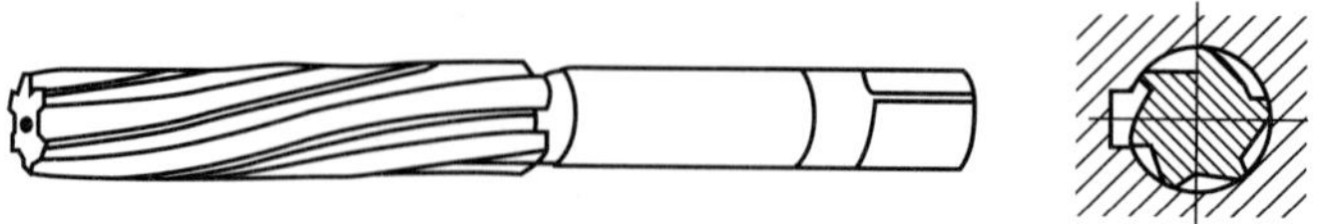

图 8.2.12　螺旋槽手铰刀

4）锥铰刀　如图 8.2.13 所示，用于铰锥孔。

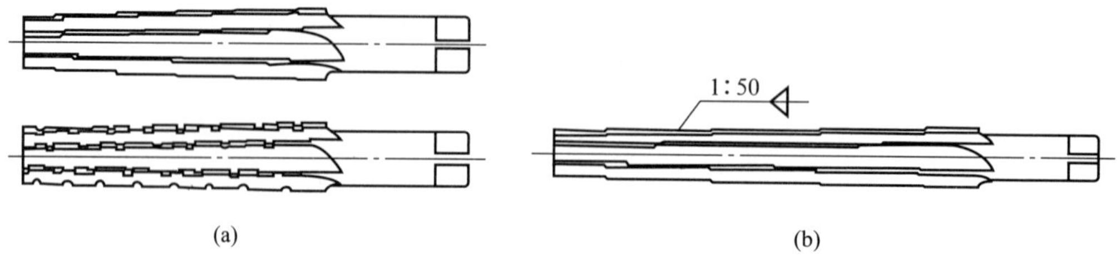

(a)　　(b)

图 8.2.13　锥铰刀

（a）成套锥铰刀；（b）1∶50 锥铰刀

3. 铰孔操作

铰孔的工艺过程是：钻孔→扩孔→铰孔。

（1）铰孔前的准备

1）铰刀的研磨。

2）铰削用量的确定。

① 铰削余量　铰削余量的选择，应考虑直径大小、材料软硬、尺寸精度、表面粗糙度、铰刀的类型等因素，具体见表 8.2.1。

表 8.2.1　铰孔时铰削余量的确定

铰孔直径/mm	<5	5~20	21~32	33~50	51~70
铰削余量/mm	0.1~0.2	0.2~0.3	0.3	0.5	0.8

② 机铰时的切削速度和进给量

机铰时，切削速度和进给量要选择适当，尤其是切削速度，如果过大，则铰刀磨损加剧，从而影响内孔的加工质量；反之，如果过小，则难以切除内孔表面铰削余量，使其表面产生塑性变形或者加工硬化，表面粗糙度也会增加，从而影响孔的加工质量。一般根据被加工材料来选择，即：

铰削钢件时，切削速度一般≤8 mm/min；进给量 0.4 mm/r 左右。

铰削铸铁件时，切削速度一般≤10 mm/min；进给量 0.8 mm/r 左右。

3）切削液的选用

为了保证铰孔质量，铰孔时需采用切削液，切削液的选用具体见表 8.2.2。

表 8.2.2　铰孔时切削液的选用

工件材料	切削液(体积分数)
钢	1. 10%～20%乳化液； 2. 铰孔要求较高时，采用 30%植物油加 70%肥皂水； 3. 铰孔要求更高时，可用植物油、柴油、动物油等
铸铁	1. 不用； 2. 煤油，但会引起孔径缩小，最大缩小量达 0.02～0.04 mm； 3. 3%～5%低浓度的乳化液
铜	5%～8%低浓度的乳化液
铝	煤油、松节油

(2) 铰孔方法及其操作要领

1) 工件要夹正、夹紧，尽可能使被铰孔的轴线处于水平或垂直位置。

2) 手铰过程中，两手用力要平衡、均匀，防止铰刀偏摆，避免孔口处出现喇叭口或孔径扩大。

3) 铰削进给时不能用力压铰杠，应一边旋转，一边轻轻加压，使铰刀缓慢、均匀地进给，保证获得较细的表面粗糙度。

4) 铰削过程中，要注意变换铰刀每次停歇的位置，避免在同一处停歇而造成振痕。

5) 铰孔时铰刀不能反转，退出时也要顺转，否则会使切屑卡在孔壁和后刀面之间，将孔壁拉毛，铰刀也容易磨损，甚至崩刃。

6) 铰削钢料时，切屑碎末易粘附在刀齿上，应注意经常退刀清除切屑，并添加切削液。

7) 铰削过程中，发现铰刀被卡住，不能用力扳转铰杠，防止铰刀崩刃或折断，而应及时取出铰刀，清除切屑和检查铰刀。继续铰削时要缓慢进给，防止在原处再次被卡住。

8) 铰孔时常添加适当的冷却液来降低刀具和工件的温度，防止产生切屑瘤；并减少粘附在铰刀和孔壁上的切屑细末，从而提高孔的质量。

【讲解与示范】

实训指导师傅给学生讲解与示范钻孔、铰孔操作方法和要领。

【学生动手操作】

学生在实训指导师傅的指导下，动手进行钻孔、铰孔操作练习。

项目九　攻螺纹与套螺纹实训

任务一　攻螺纹与套螺纹入门指导

【任务目标】

1. 了解钳工攻螺纹和套螺纹的概念、特点及应用。
2. 明确本项目的任务和要求。

【相关知识】

9.1.1　攻螺纹

1. 攻螺纹的概念

攻螺纹是用一定的扭矩将丝锥旋入已钻的底孔中，加工出内螺纹的操作方法，如图 9.1.1 所示。攻螺纹是钳工的基本操作技能之一。

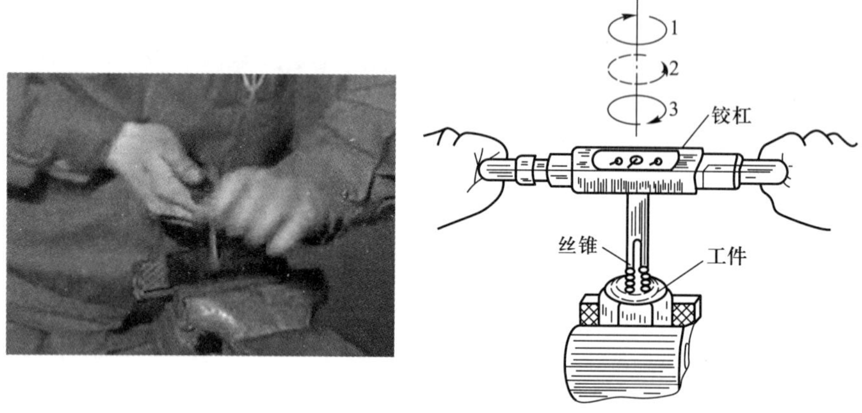

图 9.1.1　钳工攻螺纹操作

2. 攻螺纹的特点及应用

钳工攻螺纹效率低，加工质量取决于工件材料、直径大小、操作者技术水平等；对操作者技术水平要求较高。攻螺纹只能加工三角形内螺纹，三角形内螺纹属联接螺纹，用于两件或多件结构件的联接；主要用于小螺纹孔的加工。

9.1.2 套螺纹

1. 套螺纹的概念

钳工套螺纹是用板牙在圆柱棒上切出外螺纹的加工方法(俗称套扣),如图 9.1.2 所示。

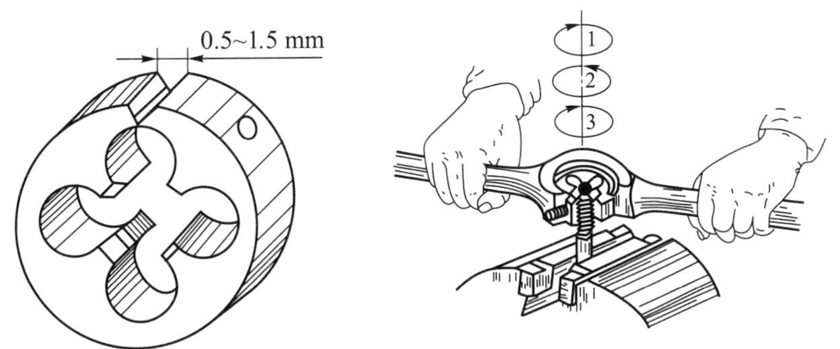

图 9.1.2　钳工套螺纹操作

2. 套螺纹的特点及应用

套螺纹加工质量好,效率较高,主要用于单件小批量、三角形外螺纹的加工或修复。

9.1.3 本项目的任务和要求

本项目的任务是攻螺纹和套螺纹操作训练。要求了解攻螺纹和套螺纹工具结构,懂得其使用方法;掌握攻螺纹和套螺纹操作方法和操作要领。

任务二　攻螺纹实训及其考核

【任务目标】

1. 了解攻螺纹使用的工具结构,懂得其使用方法。
2. 掌握攻螺纹的操作方法和操作要领。

【相关知识】

9.2.1 钳工攻螺纹使用的工具

钳工攻螺纹时所使用的工具主要是丝锥和铰杠。

(1) 丝锥

丝锥是用于内螺纹(即内孔上加工螺纹)加工的刀具,其外形如图 9.2.1 所示。

1) 丝锥的种类　丝锥有手用和机用丝锥两种,钳工攻螺纹时所使用的丝锥是手用丝锥。

手用丝锥一般由两支组成一套,分为头锥和二锥。两支丝锥的外径、中径和内径均相等,只是切削部分的长短和锥角不同。头锥较长,锥角较小,约有六个不完整的齿,以便切入;二锥则要短些,锥角大些,不完整的齿约为两个。

图 9.2.1　丝锥

2）丝锥的结构组成　丝锥是由工作部分和柄部组成，如图 9.2.2 所示。丝锥工作部分是一段开槽的外螺纹，它包括切削部分和校准部分。

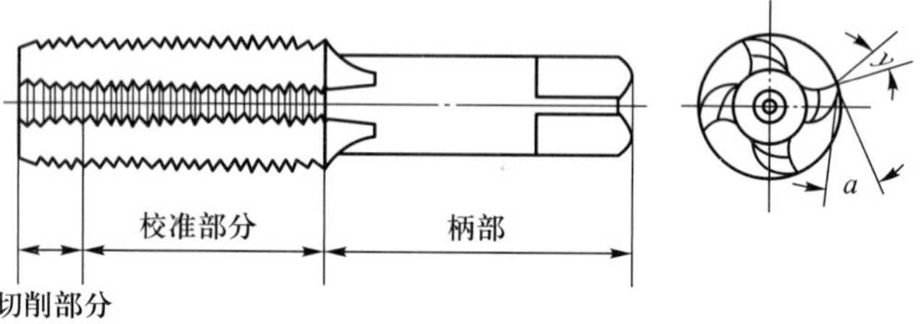

图 9.2.2　丝锥的结构组成

（2）铰杠

铰杠是扳转丝锥的工具，常用的是可调节式，以便夹持各种不同尺寸的丝锥，其外形如图 9.2.3 所示。

图 9.2.3　铰杠的结构组成

9.2.2　钳工攻螺纹方法和操作步骤

1. 计算底孔直径和深度

攻螺纹前要先钻底孔，因此必须计算底孔直径和深度。

（1）计算底孔直径

在攻螺纹过程中，由于丝锥牙齿对工件材料既有切削作用，又有一定的挤压作用，所以一般钻孔直径 D 略大于螺纹的内径，具体数值可查表或根据下列经验公式计算：

加工钢料及塑性金属时　　$D=d-P$

加工铸铁及脆性金属时　　$D=d-1.1P$

式中：d——螺纹大径，mm；P——螺距，mm。

（2）计算底孔深度

若孔为盲孔（不通孔），由于丝锥不能攻到底，所以钻孔深度要大于螺纹长度，其大小按下式计算：

$$H_{钻} = h_{有效} + 0.7D$$

式中：D——螺纹大径，mm；$H_{钻}$——底孔深度，mm；$h_{有效}$——螺纹有效深度，mm。

2. 划孔位线

划孔位线时要准确。如果划线准确，则孔位尺寸就能得到保证。划线前，首先要看懂图样和工艺要求，明确工作任务；然后，清理划线表面，涂上酒精溶液，选择好划线基准。选择划线基准时，尽可能使划线基准和设计基准重合，采用划线盘对毛坯进行划线，已加工好的表面则采用高度游标尺进行划线。划圆线时，先划出十字中心线再划圆线，大直径的圆可划多个圆线，用以钻孔时作参考线。要求线条清晰均匀，划完线后要仔细检查划线的准确性及是否有漏划线条，确认无误后再打上样冲。样冲应打在线条的中点，不可偏离线条，样冲在曲线上的冲点间距要小一些。直线上的冲点间距可大一些，但短线至少有 3 个冲点，在线条的交叉转折处必须有冲点。冲点的深浅要适当，在薄壁上或光滑表面上的冲点要浅些，粗糙表面或厚壁上的中心孔位置则要深些。

3. 钻螺纹底孔

钻螺纹底孔是攻螺纹的基础，因此，钻螺纹底孔时，不仅要保证底孔直径，同时还要保证它与端面的垂直度。

4. 孔口倒角

攻螺纹前，要在所钻底孔的孔口进行倒角，以利于丝锥的定位和切入；倒角的深度要大于螺纹的螺距。

5. 攻螺纹

攻螺纹方法及操作步骤如下：

1）在攻螺纹开始时，要尽量把丝锥放正，然后对丝锥施加压力并转动铰杠，当攻入 1~2 圈时，仔细检查和校正丝锥的位置，如图 9.2.4a 所示。一般攻入 3~4 圈螺纹时，用 90°角尺检查丝锥与工件表面是否垂直；若不垂直，丝锥要重新切入，直至垂直，如图 9.2.4b 所示。丝锥位置正确无误以后，只需转动铰杠，而不应再对丝锥加压力，否则螺纹牙形将被损坏。

2）攻螺纹时，两手握住铰杠中部，均匀用力，使铰杠保持水平转动，并在转动过程中对丝锥施加垂直压力，使丝锥攻入孔内 1~2 圈。如图 9.2.4c 所示。

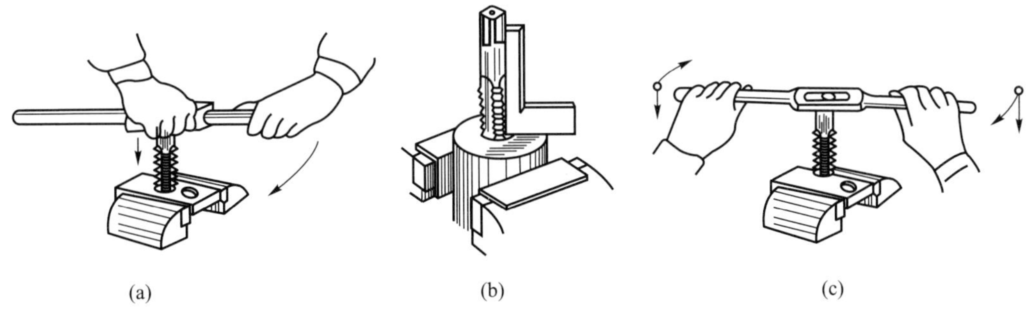

图 9.2.4　攻螺纹操作步骤

(a)起始；(b)固定垂直；(c)正常攻螺纹

3）深入攻螺纹时，两手紧握铰杠两端，正转 1~2 圈后再反转 1/4 圈。

4）在攻螺纹过程中，要经常用毛刷对丝锥加注机油。在攻不通孔螺纹时，攻螺纹前要在丝锥上作好螺纹深度标记。在攻螺纹过程中,还要经常退出丝锥,清除切屑。当攻比较硬的材料时,可将头、二锥交替使用。

5）攻螺纹时,每扳转铰杠 1/2~1 圈,就应倒转约 1/2 圈,使切屑碎断后容易排出,并可减少切削刃因粘屑而使丝锥卡住的现象。将丝锥轻轻倒转,退出丝锥,注意退出丝锥时不能让丝锥掉下。

攻螺纹的操作要点及注意事项:

① 根据工件上螺纹孔的规格,正确选择丝锥,先头锥后二锥,不可颠倒使用。

② 工件装夹时,要使孔中心垂直于钳口,防止螺纹攻歪。

③ 用头锥攻螺纹时,先攻入 1~2 圈后,要检查丝锥是否与孔端面垂直(可目测或直角尺在互相垂直的两个方向检查)。当切削部分已攻入工件后,每转 1~2 圈应反转 1/4 圈,以便切屑断落;同时不能再施加压力(即只转动不加压),以免丝锥崩牙或攻出的螺纹齿较瘦。

④ 攻塑性材料的螺孔时,要加润滑冷却液。对于钢料,一般用机油或浓度较大的乳化液,要求较高的可用植物油或二硫化钼等;对于不锈钢,可用 30 号机油或硫化油;这样可使螺纹光洁、省力和延长丝锥使用寿命;攻铸铁上的内螺纹时,可不加润滑剂,或者加煤油;攻铝及铝合金、紫铜上的内螺纹时,可加乳化液。

⑤ 遇到攻不通的螺孔时,要经常退出丝锥,排除孔中的切屑。

⑥ 攻螺纹过程中换用后一支丝锥时,要用手先旋入已攻出的螺纹中,至不能再旋进时,再用铰杠扳转。在末锥攻完退出时,也要避免快速转动绞杠,最好用手旋出,以保证已攻好的螺纹质量不受影响。

不要用嘴直接吹切屑,以防切屑飞入眼内。

【讲解与示范】

实训指导师傅给学生讲解与示范攻螺纹的操作方法和要领。

【学生动手操作】

学生在实训指导师傅的指导下,动手进行攻螺纹操作练习。

任务三　套螺纹实训及其考核

【任务目标】

1. 了解套螺纹工具结构,懂得其使用方法。
2. 掌握套螺纹操作方法和操作要领。

【相关知识】

9.3.1　套螺纹工具

套螺纹工具有:板牙和板牙架。

1. 板牙

板牙是加工外螺纹的刀具,其外形如图 9.3.1 所示。

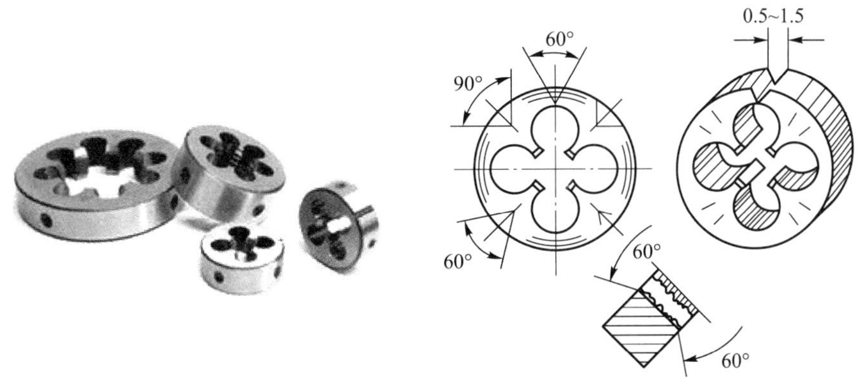

图 9.3.1　板牙

2. 板牙架

板牙架是用来夹持板牙、传递扭矩的工具,其外形如图 9.3.2 所示。

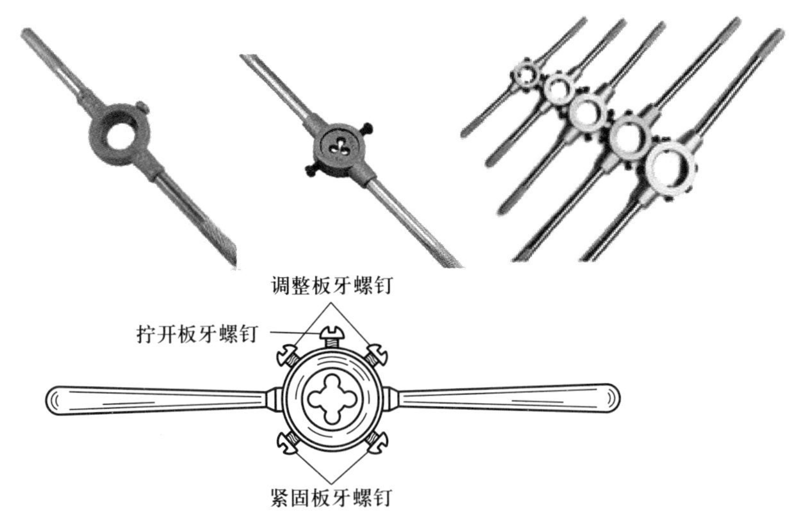

图 9.3.2　板牙架

9.3.2　套螺纹方法和操作步骤

1. 圆杆直径的确定

与攻螺纹相同,套螺纹时也有切削和挤压金属的作用,因此,圆杆直径应稍小于螺纹的公称尺寸。在套螺纹前必须检查圆桩直径。圆杆直径可查表或按经验公式计算。

经验公式:$d_{杆}=d-0.13p$

p——螺距,mm;d——螺纹大径,mm;$d_{杆}$——套螺纹前圆杆直径,mm。

2. 圆杆端部的倒角

在套螺纹前,圆杆端部应倒角,目的是使板牙容易对准工件中心,同时也容易切入。倒角长度应大于一个螺距,斜角为 15°~30°。

3. 套螺纹的操作要点和注意事项

1）在每次套螺纹前,应将板牙排屑槽内及螺纹内的切屑清除干净。

2）套螺纹前要检查圆杆直径大小和端部倒角。

3）套螺纹时切削扭矩很大,易损坏圆杆的已加工面,所以应使用硬木制的 V 形槽衬垫或用厚铜板作保护片来夹持工件。工件伸出钳口的长度,在不影响螺纹要求长度的前提下,应尽量短。

4）套螺纹时,板牙端面应与圆杆垂直,操作时用力要均匀。开始转动板牙时,要稍加压力,套入 3~4 牙后,可只转动而不加压,并经常反转,以便断屑。

5）在钢制圆杆上套螺纹时,要加机油润滑,这样可使螺纹光洁、省力和延长板牙的使用寿命。

【讲解与示范】

实训指导师傅给学生讲解与示范套螺纹的操作方法和要领。

【学生动手操作】

学生在实训指导师傅的指导下,动手进行套螺纹操作练习。

项目十　钳工综合实训及其考核

综合运用钳工划线、錾削、锯削、锉削、钻削、螺纹加工等基本技能,可进行下列板块件、螺杆螺母、样板、配合件、手锤制作的综合训练。

任务一　板块件的制作

【任务目标】

掌握如图 10. 1. 1 所示板块件的制作工艺过程、方法和步骤。

【讲解与示范】

实训指导师傅给学生讲解与示范如图 10. 1. 1、10. 1. 2、10. 1. 3 所示板块件的制作工艺过程、方法和步骤。

10. 1. 1　板块件的制作工艺过程

如图 10. 1. 1 所示板块件的制作工艺过程一般为:

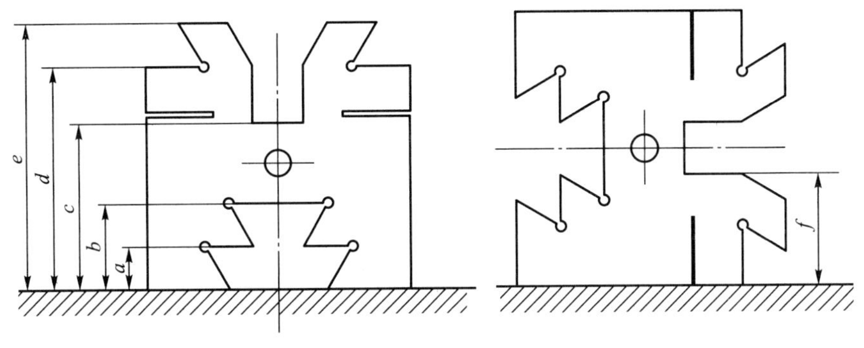

图 10. 1. 1　板块件 1

下料→划线→打样冲眼→锯削或者錾削→锉削→划线→打样冲眼→钻削→螺纹加工→去毛刺→交检。

10. 1. 2　板块件的制作方法和步骤

以如图 10. 1. 1 所示板块件的制作为例,其制作方法和步骤如下:

(1) 对图样进行工艺分析

根据要求制作的板块件图样,分析其结构形状、尺寸精度、位置精度,可知:该板块件结构形

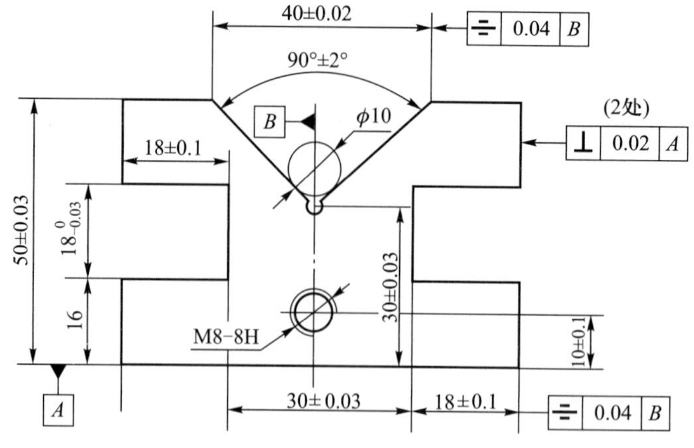

图 10.1.2　板块件 2

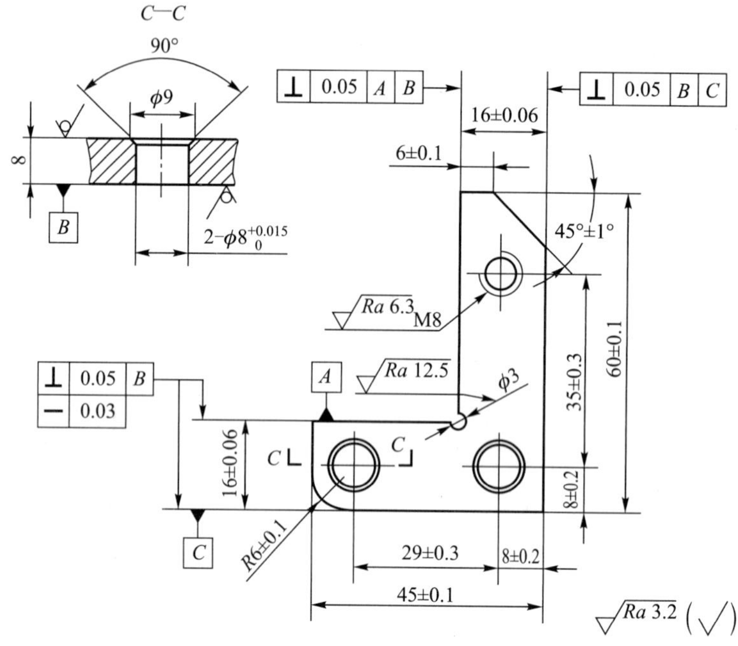

图 10.1.3　板块件 3

状比较简单，要求加工的轮廓面主要是直线。

（2）材料及工器具准备

1）材料准备

选用厚度 5～8 mm、宽度 40～60 mm 的 Q235 扁钢。

2）工器具准备

钢板尺、90°角尺、划线平台、划针、划规、样冲、手工锯（锯弓和锯条）、粗齿平面锉刀、细齿平面锉刀、三角锉刀、钻头、丝锥等。

（3）下料

采取手工锯割或者砂轮片切割机切断扁钢，长度 50～60 mm。

(4) 划线
根据要求制作的板块件图样划出加工位置线。
(5) 打样冲眼
在划出的加工位置线上打样冲眼。
(6) 锯削
按照已经划出的加工位置线锯削，并且留 0.5 mm 锉削余量。
(7) 锉削
粗、精锉削轮廓。
(8) 划线
根据要求制作的板块件图样划出孔的加工位置线。
(9) 打样冲眼并划出孔的圆弧线
在已划出孔的十字中心上打样冲眼，然后划出孔的圆弧线。
(10) 钻削
按照已经划出孔的加工位置线钻螺纹底孔。
(11) 螺纹加工
采用丝锥攻螺纹。
(12) 去毛刺
(13) 交检

【学生动手操作】

学生在实训指导师傅的指导下，动手进行如图 10.1.2、10.1.3 所示板块件的制作。

任务二　螺杆螺母的制作

【任务目标】

会依据图样正确选择丝锥和板牙等工具，完成螺杆螺母的手工制作。

【讲解与示范】

实训指导师傅给学生讲解与示范螺杆螺母手工制作工艺过程及方法和操作要领。

10.2.1　螺杆的手工制作

螺杆的手工制作主要工作是圆杆的车削和套螺纹。

1. 螺杆的手工制作工器具

螺杆的手工制作工器具主要是外圆车刀，套螺纹用 M12 板牙和板牙架，M12 螺纹环规。

2. 螺杆的手工制作工艺过程

螺杆的手工制作工艺过程一般为：
下料→车削→套螺纹→去毛刺→交检。

3. 螺杆的手工制作方法和步骤

如图 10.2.1 所示螺杆的手工制作方法及步骤为：

（1）对图样进行工艺分析

根据图 10.2.1 要求制作的螺杆图纸，分析其结构形状、尺寸精度、位置精度，可知：该螺杆件结构形状比较简单，要求加工的表面主要是圆杆和外螺纹。

（2）材料及工器具准备

1）材料准备　选用直径 ϕ12 mm 的圆钢。

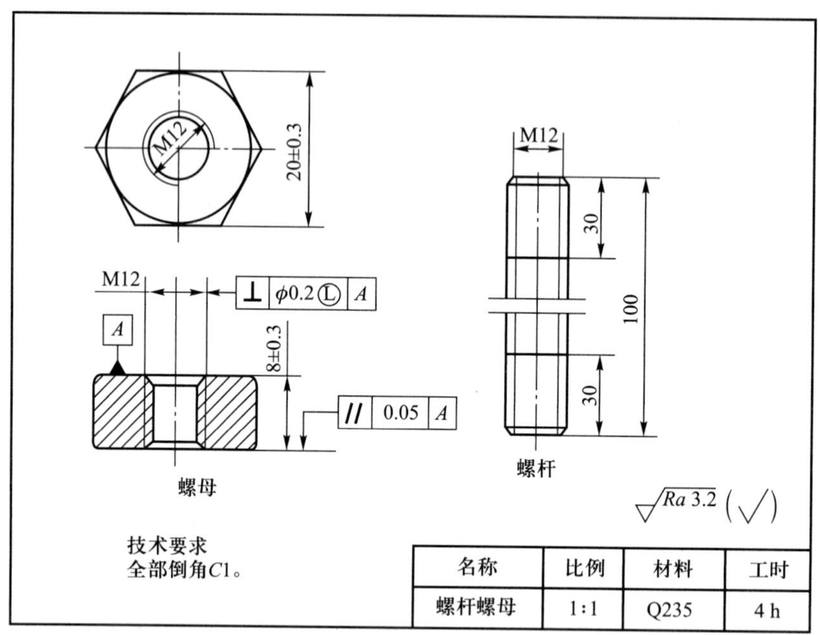

图 10.2.1　螺杆螺母

2）工器具准备

螺杆手工制作的工器具主要有：45°外圆车刀、90°外圆车刀，套螺纹用 M12 板牙和板牙架，M12 螺纹环规。

（3）下料

采取手工锯割或者砂轮片切割机切断圆钢，长度 110 mm。

（4）车削

车削圆杆外圆，保证总长 100 mm，圆杆端部的倒角 15°~30°。

$$圆杆直径=螺纹外径\ d-(0.13\sim0.2)螺距\ P$$

（5）套螺纹

采用 M12 板牙套螺纹。

【注意】　套螺纹的方法及操作要领：

1）每次套螺纹前应将板牙排屑槽内及螺纹内的切屑清除干净。

2）套螺纹前要检查圆杆直径大小和端部倒角。

3）套螺纹时切削扭矩很大，易损坏圆杆的已加工面，所以应使用硬木制的 V 形槽衬垫或用厚铜板作保护片来夹持工件。工件伸出钳口的长度,在不影响螺纹要求长度的前提下,应尽量短。

4) 套螺纹时,板牙端面应与圆杆垂直,操作时用力要均匀。开始转动板牙时,要稍施加压力,切入 3~4 圈后,可只转动而不加压,并经常反转,以便断屑。

5) 在钢制圆杆上套螺纹时要加机油润滑。

套螺纹操作如图 10. 2. 2 所示。

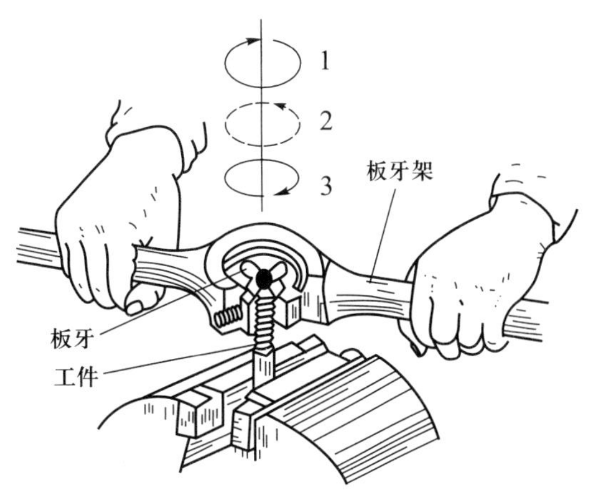

图 10. 2. 2　采用板牙套螺纹

6) 去毛刺

7) 交检

采用 M12 螺纹环规检验。

4. 套螺纹中常常出现的问题及产生原因

(1) 螺纹乱牙

【产生原因】

1) 塑性材料没有用冷却润滑液,螺纹被破坏。

2) 套螺纹时没有反转割断切屑造成堵塞,咬坏螺纹。

3) 圆杆直径太大。

4)板牙歪斜太多而强行校正。

【防止方法】

1) 根据材料选用冷却润滑液。

2) 应经常反转,使切屑断碎,及时排屑。

3) 根据材料性质正确选择圆杆直径。

4) 要多检查和校正。

(2) 螺孔偏斜

【产生原因】

1) 圆杆倒角歪斜,开始起削时就歪斜,使螺杆一边浅一边深。

2) 两手用力不均匀,使板牙切入时歪斜。

【防止方法】

1) 倒角要四周均匀。

2) 起削要正,两手用力要均衡。

(3) 螺纹太瘦

【产生原因】

1) 扳牙摆动太大,或由于偏斜多次校正,切削边多使螺纹中径变小。

2) 起削后仍使用压力扳动。

【防止方法】

1) 要摆稳板牙,用力均衡。

2) 起削后去除压力,只用旋转力。

(4) 螺纹太浅

【产生原因】

圆杆直径过小。

【防止方法】

根据材料正确选择或计算直径。

10.2.2　螺母的手工制作

螺母的手工制作主要工作是正六角体的锉削、钻内螺纹底孔和攻螺纹。

1. 螺母手工制作的工器具

螺母手工制作主要工器具是:手工锯、平面锉刀、麻花钻、丝锥、铰杠、钻夹头和螺纹塞规。

2. 螺母手工制作工艺过程

螺母手工制作工艺过程一般为:

下料→划线→锯削→锉削→划线、打样冲眼→钻削→孔口倒角→攻螺纹→去毛刺→交检。

3. 螺母手工制作方法及步骤

如图 10.2.1 所示螺母的手工制作方法及步骤为:

(1) 对图样进行工艺分析

根据图 10.2.1 要求制作的螺母图样,分析其结构形状、尺寸精度、位置精度,可知:该螺母件结构形状比较简单,要求加工的表面主要是正六角体锉削、钻底孔和攻螺纹。

(2) 材料及工器具准备

1) 材料准备

选用直径 ϕ35 mm 的圆钢。

2) 工器具准备

螺母手工制作的工器具主要有:手工锯、平面锉刀、ϕ10.2 麻花钻、攻螺纹用 M12 丝锥和铰杠、M12 螺纹塞规。

(3) 下料

采取手工锯割切断圆钢,厚度 10 mm。

(4) 划线

划六角体加工位置线。

(5) 锉削

划六角体加工位置线锉削六角体,并且倒 $C1$ 角。

(6) 划线、打样冲眼

划螺纹底孔加工位置线,并且打样冲眼。

(7) 钻底孔

钢件攻螺纹的底孔直径:$D_{钻}=D-P$

式中:$D_{钻}$——钻底孔直径,mm;D——螺纹大径,mm;P——螺距,mm。

铸铁件攻螺纹的底孔直径:$D_{钻}=D-(1.05\sim1.10)P$

常用攻螺纹的底孔直径参考表 10.2.1。

表 10.2.1　常用攻螺纹的底孔直径参考表　(单位:mm)

螺纹直径 D	2	3	4	5	6	8	10	12	14	16	20	24
螺距 P	0.4	0.5	0.7	0.8	1	1.25	1.5	1.75	2	2	2.5	3
钻头直径 d	1.6	2.5	3.3	4.2	5	6.7	8.5	10.2	11.9	13.9	17.4	20.9

计算或者查表知:M12 螺纹的底孔直径为 10.2 mm。

(8) 孔口倒角

为了方便丝锥对中和顺利切入底孔,需要孔口倒角。

(9) 攻螺纹

手工攻螺纹的方法及操作要领:

1) 螺纹底孔的孔口要倒角,通孔两端都要倒角,倒角处直径可略大于螺孔大径,这样可使开始切削时容易切入,并可防止孔口出现挤压出的凸边。

2) 工件装夹位置要正确,尽量使螺孔中心线处于水平或垂直位置,攻螺纹时容易判断丝锥轴线是否垂直于工件平面。

3) 用头锥起攻时,尽量把丝锥放正,一手用手掌按住铰杠中部,沿丝锥轴线施加压力,另一手配合转动铰杠,或两手握住铰杠两端均匀施加压力,并使丝锥顺向旋进,保证丝锥中心线与孔中心线重合。

4) 正常切削时,铰杠就不需要再施加压力。为避免切屑过长而咬死丝锥,攻螺纹时铰杠每转动 1/2~1 圈,就应倒转 1/2 圈,使切屑碎断后容易排出。

5) 攻螺纹时,应按头锥、二锥、三锥的顺序攻至标准尺寸。在较硬材料上攻螺纹时,可轮换各丝锥交替攻下,以减少切削部分负荷,防止丝锥折断。

6) 攻螺纹过程中,调换丝锥时要用手先旋入至不能再旋进时,方可用铰杠转动,以免损坏螺纹并防止乱牙。

7) 攻不通孔时,可在丝锥上做好深度标记,并经常退出丝锥,排除孔中切屑,防止切屑堵塞使丝锥折断或达不到深度要求。

8) 攻塑性或韧性材料时,要加注切削液,以减小切削阻力,减少表面粗糙度值,延长丝锥寿命。

攻螺纹操作步骤如图 10.2.3 所示。

4. 攻螺纹中常常出现的问题及产生原因

(1) 螺纹乱牙

【产生原因】

1) 底孔直径太小,丝锥不易切入,孔口乱牙。

2) 攻二锥时没旋入切出的螺纹。

3) 螺纹歪斜过多,而用丝锥强行校正。

4) 攻塑性或韧性材料时未加冷却润滑液或切屑未断碎强行攻削,把已切削出的螺纹拉坏。

5) 丝锥刃口已钝。

【防止方法】

1) 根据工件材料,选择合理的底孔直径。

2) 先用手将二锥旋入螺孔,再用铰杠攻入。

3) 开始攻时,两手用力要均衡,并多检查丝维与工件表面的垂直性。

4) 攻韧性材料加冷却润滑液,多倒转丝锥使切屑断碎。

5) 用油石或砂轮修磨丝锥前面。

(2) 螺孔偏斜

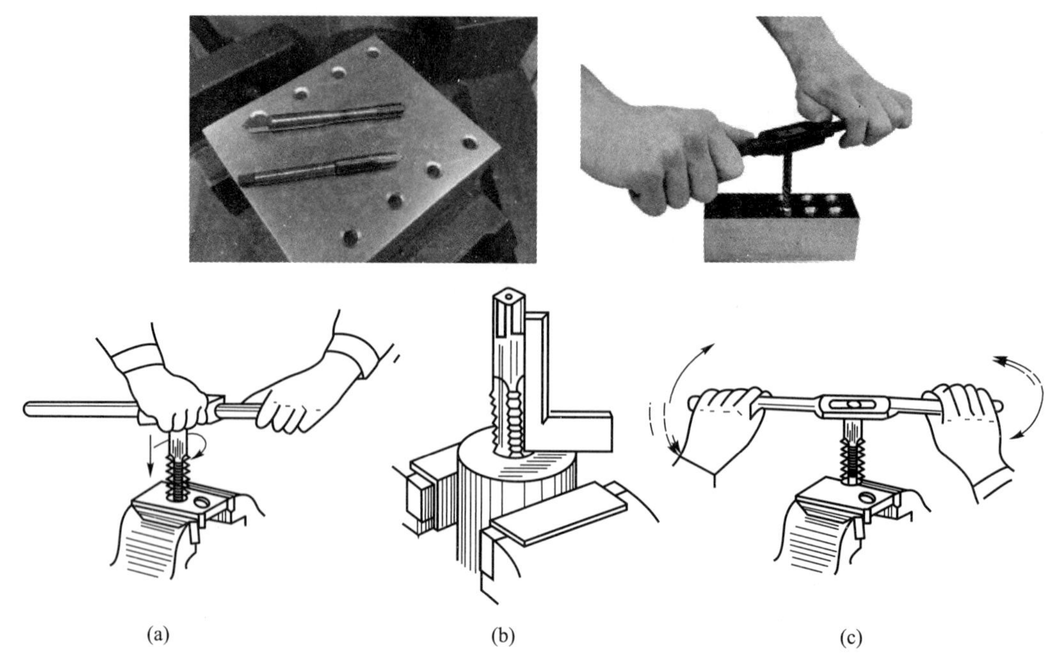

(a)　(b)　(c)

图 10.2.3　采用丝锥攻螺纹操作步骤

(a)起始;(b)确定垂直;(c)正常攻螺纹

【产生原因】

1）丝锥与工件平面不垂直。

2）攻削时两手用力不均衡。

【防止方法】

1）开始切入时丝锥要与工件平面垂直,以后要多检查校正。

2）要始终保持两手用力均衡。

(3）螺纹高度不够

【产生原因】

底孔直径过大。

【防止方法】

根据材料正确选择孔直径。

【学生动手操作】

学生在实训指导师傅的指导下,动手完成图 10.2.1 所示螺母的手工制作。

任务三　样板的制作

【任务目标】

会依据图样完成样板的手工制作。

【讲解与示范】

实训指导师傅给学生讲解与示范样板的手工制作工艺过程及方法和操作要领。

完成图 10.3.1 所示样板的手工制作。

10.3.1　实训准备

1. 分析图纸、明确任务、拟订制作工艺方案

首先分析图 10.3.1 所示样板零件图，了解该样板的结构形状、尺寸、精度和粗糙度要求，以明确任务，拟订制作工艺方案。

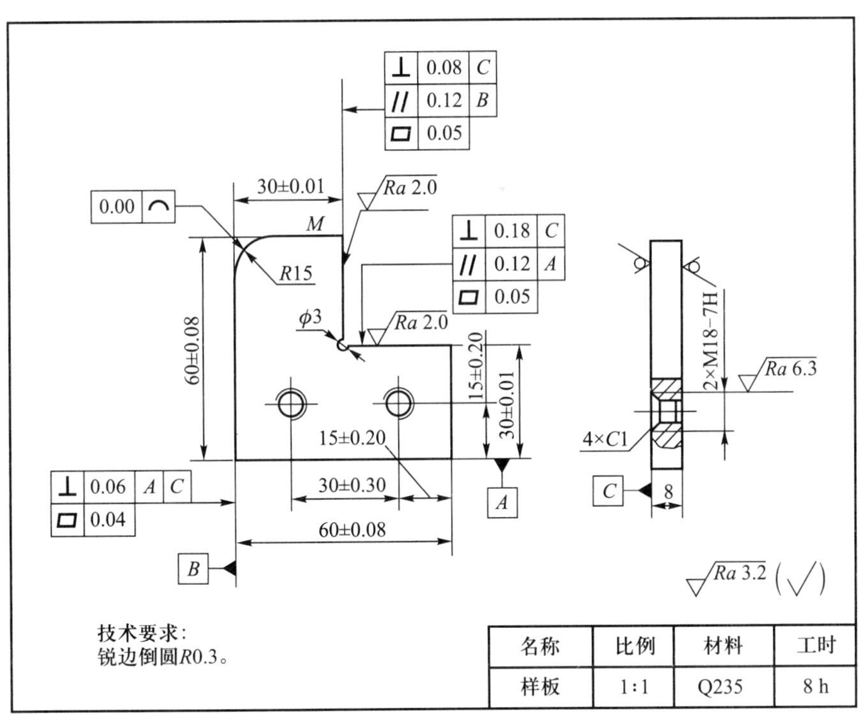

名称	比例	材料	工时
样板	1:1	Q235	8 h

图 10.3.1　样板

通过分析，确定该样板手工制作的工艺过程为：

下料→划线→中心孔及螺纹孔加工→粗加工外轮廓→精加工样板的测量面→研磨测量面→样板的检验→样板质量检验及质量检验卡的填写。

2. 准备并且清点所需工具

按照零件图上样板的结构形状、尺寸及加工精度要求，领取所需工具，并且进行清点，主要工器具有：划线平台、划针、麻花钻、平面锉刀、整形锉、丝锥等。

10.3.2　样板的手工制作方法及操作步骤

（1）下料

1）剪切或者锯割板料　采用剪板机或者手工锯下料。下料时注意按照样板最大的长、宽尺寸留足够的加工余量，本实例的下料尺寸为 65 mm×65 mm×10 mm。

2）磨平样板平面　在平面磨床上磨平样板两平面，以便于划线。

（2）划线

选择相互垂直面、两条中心线或者一个平面和一条中心线为划线基准，划两相邻侧面线。

（3）锉削样板的基准面

锉刀锉削两相邻侧面成 90°，作为划线和测量的基准。

（4）划线

1）涂色　工件表面清理及涂色。

2）划线　划轮廓线、孔中心线、圆弧中心线。

3）检查　检查所划轮廓线、孔中心线、圆弧中心线是否准确、是否有遗漏。

（5）中心孔及螺纹孔加工

1）打样冲眼　在加工线条上用样冲将直角中心孔及两螺纹孔的中心孔打样冲眼。

2）钻孔加工　按照图样要求，选择相应规格的麻花钻在台钻上钻直角中心孔及两螺纹孔的底孔。

3）攻螺纹孔　先对两螺纹孔的底孔孔口进行倒角，然后依次攻螺纹孔，并且用相应的螺钉进行配检。

（6）粗加工外轮廓

1）根据工件的划线进行样板外轮廓的锯削　先锯两直角边，注意起锯方法和角度是否正确；然后再锯削圆弧的相切直边。为了减少锉削余量，可以先划好圆弧的相切直线作为锉削参考线，再将圆弧角锯削去除。

2）样板外轮廓的锉削　分别采用大小合适的平锉和圆弧锉对两直角边和圆弧进行粗加工，周围留 0.2~0.5 mm 的加工余量。

（7）精加工样板的测量面

采用整形锉锉平样板的直角边和圆弧测量面，并且留研磨余量。

（8）研磨测量面

采用研具或者油石研磨样板的测量面，使测量面的尺寸和表面粗糙度达到图样技术要求。

（9）样板的检验

样板在加工过程中和加工完毕后，都要进行检验，检验的方法有：

1）采用万能量具检验　常用的量具有：千分表、量块、正弦规、刀刃检查尺等。

2）采用光学检验仪　常用的光学检验仪有：万能工具显微镜。

3）采用校对样板检验　当样板测量面较复杂，用一般万能量具或者测量仪检验比较困难时，可以使用校对样板检验。校对样板的精度和表面粗糙度要求必须高于工作样板。

（10）样板质量检验及质量检验卡的填写

【学生动手操作】

学生在实训指导师傅的指导下，动手进行图 10.3.1 所示样板的手工制作。

任务四　配合件的制作

【任务目标】

综合应用钳工基本技能,按照图样要求完成配合件的制作。

【讲解与示范】

实训指导师傅给学生讲解与示范配合件的制作方法和操作要领。

完成如图 10.4.1 所示配合件 1 的制作。

10.4.1　实训准备

1. 分析图样、明确任务、拟订制作工艺方案

首先分析图 10.4.1 所示配合件 1 零件图,了解该配合件的结构形状、尺寸、精度和粗糙度要求,以明确任务,拟订制作工艺方案。

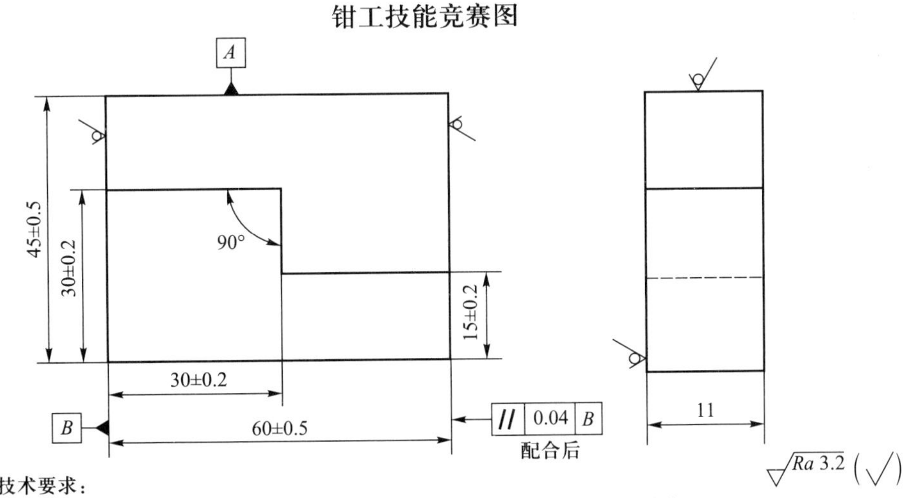

图 10.4.1　配合件 1

通过分析,确定该配合件制作的工艺过程为:

下料→划线→锯削→粗加工外轮廓→精加工测量面→精加工外轮廓面→去毛刺→检验。

2. 准备并且清点所需工具

按照配合件零件图上的形状、尺寸,领取所需工具,并且进行清点,主要工器具有:划线平台、划针、手工锯、平面锉刀、整形锉、高度游标卡尺等。

10.4.2　配合件 1 制作方法及操作步骤

(1) 下料

采用剪板机或者手工锯下料。下料时注意按照样板最大的长、宽尺寸留足够的加工余量,本实例需下料的尺寸为 65 mm×50 mm×12 mm。

（2）划线

按照配合件零件图划两配合件加工位置线。

（3）锯削

按照配合件已划两加工位置线，锯割余块，并且留 0.5 mm 锉削加工余量。

（4）锉削

1）下件锉削

① 粗锉削外轮廓。

② 精锉削 *B* 测量基准面。

③ 精锉削其他轮廓面，并且保证总长 60±0.5 mm、阶梯高度尺寸 30±0.2 mm 及 15±0.5 mm 和平行度 0.04 mm。

2）上件锉削

① 粗锉外轮廓。

② 精锉削 *A* 测量基准面。

③ 精锉削其他轮廓面。

3）合件锉削及检测

配合后精锉削 *A*、*B* 测量基准面，并且保证总高 45±0.5 mm。

【学生动手操作】

学生在实训指导师傅的指导下，动手进行图 10.4.2 所示配合件制作。

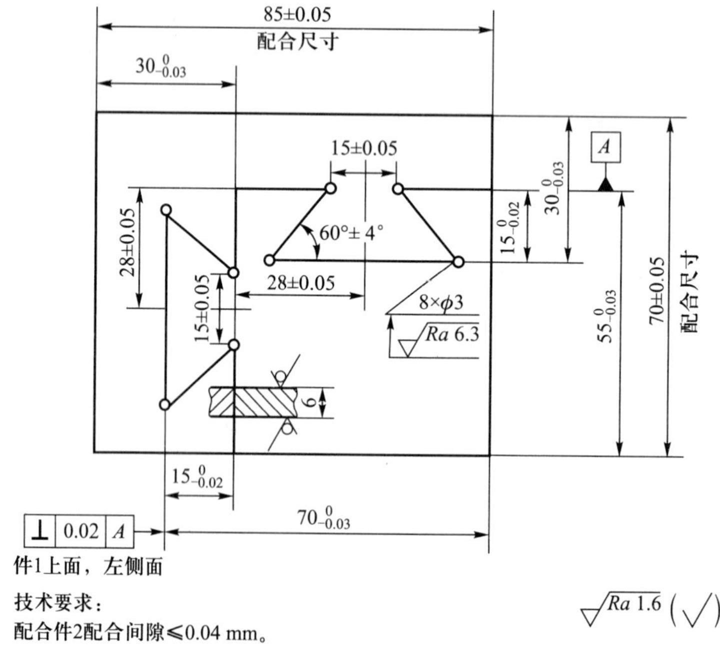

图 10.4.2　配合件 2

任务五　手锤的制作

【任务目标】

综合应用钳工基本技能，按照图样要求完成如图 10.5.1 所示手锤的制作。

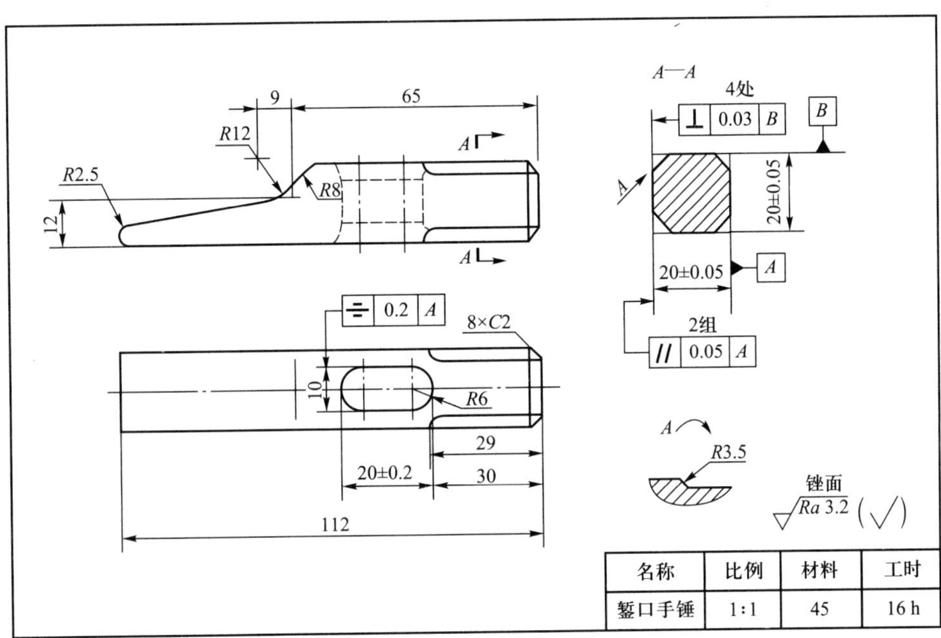

图 10.5.1　手锤

【讲解与示范】

实训指导师傅给学生讲解与示范如图 10.5.1 所示手锤制作工艺过程、操作方法和要领。

10.5.1　实训准备

1. 分析图样、明确任务、拟订制作工艺方案

首先分析图 10.5.1 所示手锤零件图，了解其结构形状、尺寸、精度和粗糙度要求，以明确任务，拟订制作工艺方案。

通过分析，确定该手锤手工制作的工艺过程为：

下料→划线→锯削→锉削→划线→锯削→锉削→划线→打样冲眼→钻削→锉削→去毛刺→交检。

2. 材料及工器具准备

（1）材料准备

选用直径 $\phi 30$ mm 的圆钢。

（2）工器具准备

按照零件图上手锤的结构形状、尺寸及加工精度要求，领取所需工具，并且进行清点，主要工器具有:划线平台、划针、手工锯、麻花钻、平面锉刀、圆锉、整形锉、万能角度尺、高度游标卡尺、样冲等。

10.5.2　手锤的手工制作方法及操作步骤

(1) 下料

采用手工锯下料。下料时注意按照手锤最大的长、宽尺寸留足够的加工余量。毛坯尺寸 $\phi30$ mm×120 mm;注意两端面与中心线的垂直(相互平行),因此可以上车床车削。

(2) 划线

将毛坯放在 V 形块上,划长方体四边加工位置线。

(3) 锯削

按照已划长方体四边加工位置线,锯削四边,并且注意留足够的锉削余量。

(4) 锉削

锉削长方体四边,具体步骤见表 10.5.1。

(5) 划线

将长方体放在划线平台上,划斜面、$R12$ 圆弧、$R8$ 圆弧、4 处倒角加工位置线。

(6) 锯削

按照已划斜面加工位置线,锯削斜面,并且注意留足够的锉削余量。

(7) 锉削

锉削斜面、4 处倒角、$R12$ 圆弧、$R8$ 圆弧和 $R2.5$ 圆弧。

(8) 划线

将长方体放在划线平台上,划扁圆孔加工位置线,并且打样冲眼。

(9) 钻削

排钻两圆孔。

(10) 锉削

锉削扁圆孔,并且孔口倒角。

(11) 去毛刺

(12) 交检

【学生动手操作】

学生在实训指导师傅的指导下,动手进行如图 10.5.1 所示手锤制作操作练习。

表 10.5.1　长方体加工步骤

步骤	加工内容	图示
1	毛坯放置在 V 形块上,用高度游标卡尺划第一加工面的加工线,并打样冲眼	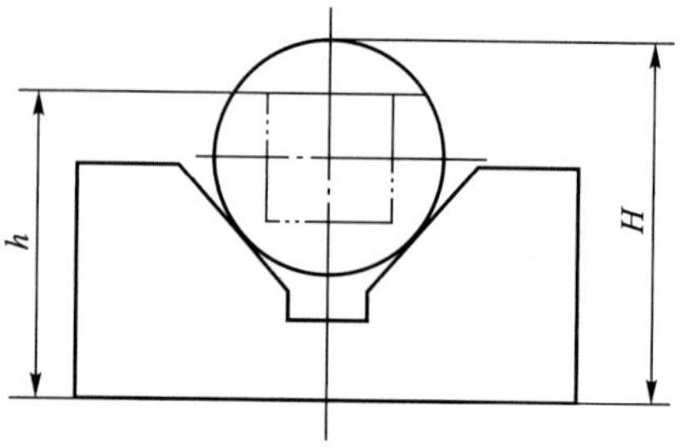 h H

续表

步骤	加工内容	图示
2	锯削第一个平面	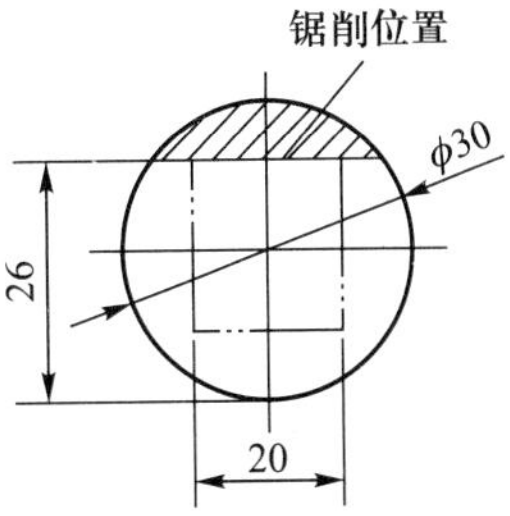
3	锉削第一个平面	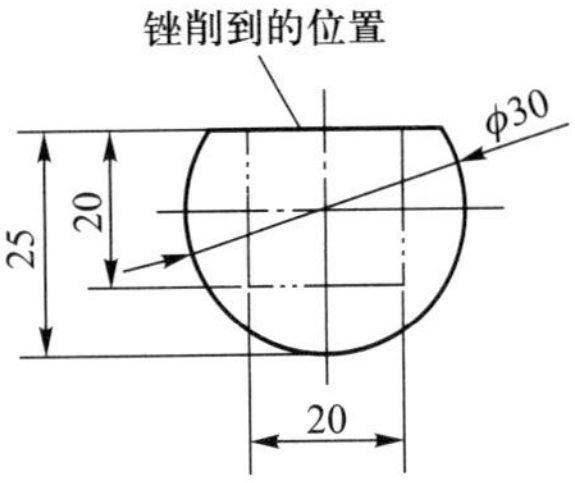
4	工件放置在平板上，并以第一面靠住V形块，用高度游标卡尺划第二加工面的加工线，打样冲眼	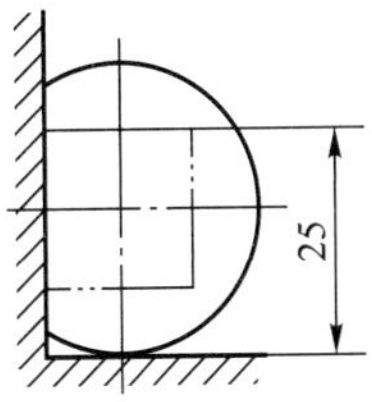
5	锯削第二个平面	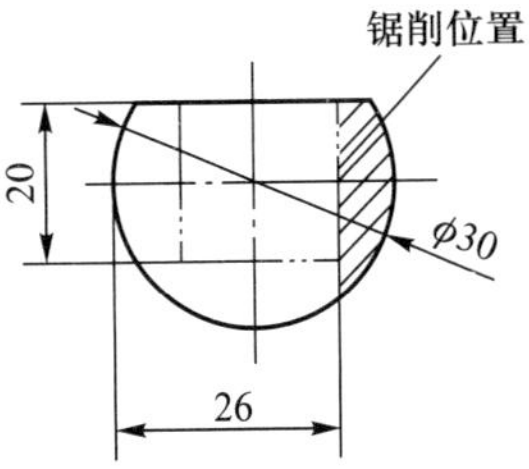

附录　实训计划

一、实训步骤

1.1　实训前期准备

实训前期准备工作包括：

（1）进行实训前的安全教育和规章制度的学习。

（2）对学生所在实训室的情况进行介绍。

（3）下发实训任务书和实训指导书。

（4）发放实训材料、工器具。

（5）发放工作服和其他劳保用品。

（6）到所在实训场地，将设备和环境卫生打扫干净，并且对设备进行试运行，如果发现问题要及时解决。

1.2　组织实施

实训前期准备就绪后，则可以按实训要求，有计划、有进度地组织实施前述钳工的各项基本操作技能训练，主要包括：

（1）入门指导

讲解与示范：学生所使用设备的各部分名称、作用、操作方法和工艺范围；设备的维护保养与安全操作规程。

（2）工种训练

每个学生必须严格按所训练工种的安全操作规程、生产工艺流程和规定的基本操作方法进行加工操作训练。

二、实训时间安排

附表1　实训时间安排

序号	实训内容	所在实训室	时间安排/天
1	项目一　钳工实训入门指导	钳工实训室	0.5
2	项目二　划线实训	钳工实训室	0.5

续表

序号	实训内容	所在实训室	时间安排/天
3	项目三　錾削实训	钳工实训室	0.5
4	项目四　锯削实训	钳工实训室	0.5
5	项目五　锉削实训	钳工实训室	0.5
6	项目六　刮研实训	钳工实训室	0.5
7	项目七　打磨、抛光实训	钳工实训室	0.5
8	项目八　孔加工实训	钳工实训室	0.5
9	项目九　攻螺纹与套螺纹实训	钳工实训室	0.5
10	项目十　钳工综合实训及其考核	钳工实训室	4.5
11	机动		0.5
	合计		10

注：本实训是按两周时间安排的，实际教学中可根据专业特点加以调整

三、实训成绩评定

学生实训后，必须进行考核。至少应该按初级工应知、应会的标准来考核，达到初级工的操作技能。实训成绩由平时成绩、实际操作考试成绩和实训报告成绩三部分组成。其中，实际操作考试成绩占60%，平时成绩占20%，实训报告成绩占20%。每个学生加工操作训练结束后，以实训报告、考勤及实训成果为依据，按优秀、良好、中等、及格和不及格五个等级进行成绩考核。

四、其他说明

（1）适用专业：高职高专院校焊接技术及自动化、建筑工程机械、建筑钢结构、建筑智能化、建筑供热通风与空调、建筑给排水、建筑水电安装、建筑设备等专业，也适用数控技术及应用专业，机械设计及自动化、机械制造工艺及设备等专业。

（2）实训时间：2周。

（3）在选择训练项目时，可结合本专业的培养目标和实训时间，有侧重点地加以选择，并且可以根据实际情况对实训项目、时间加以调整。

参考文献

[1] 王兴民.钳工工艺学 [M].北京:中国劳动出版社,1996.

[2] 蒋增福.钳工工艺与技能训练 [M].北京:中国劳动社会保障出版社,2001.

[3] 同长虹.钳工技能培训 [M].北京:机械工业出版社,2009.

[4] 周兆元.钳工实训 [M].北京:化学工业出版社,2010.

[5] 万文龙.钳工实训 [M].北京:北京邮电大学出版社,2013.

[6] 夏致斌.模具钳工 [M].北京:机械工业出版社,2013.

[7] 温上樵,杨冰 .钳工基本技能项目教程 [M].北京:机械工业出版社,2009.